Ce livre

Appartient à

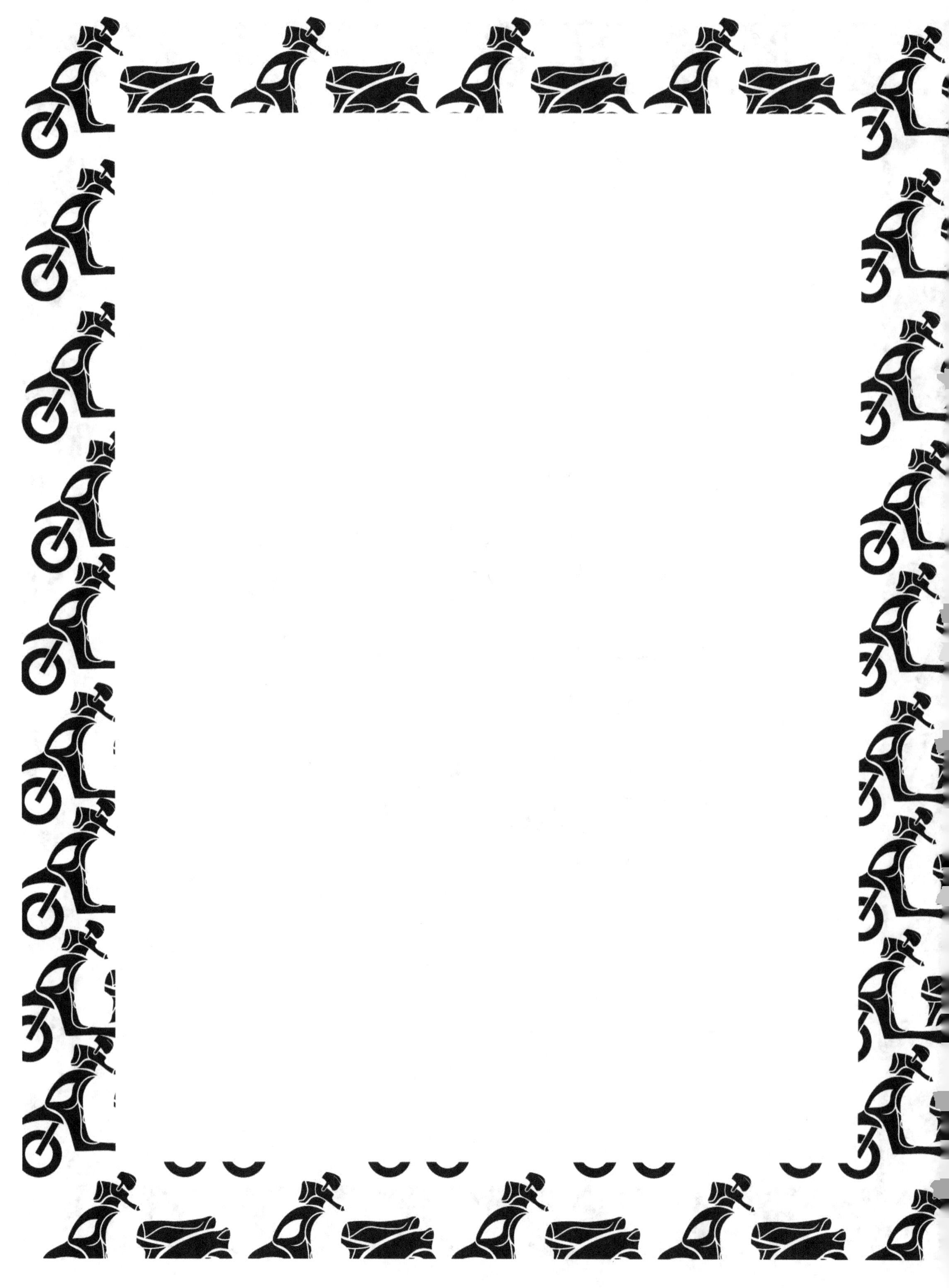

COULEUR & AMUSEMENT

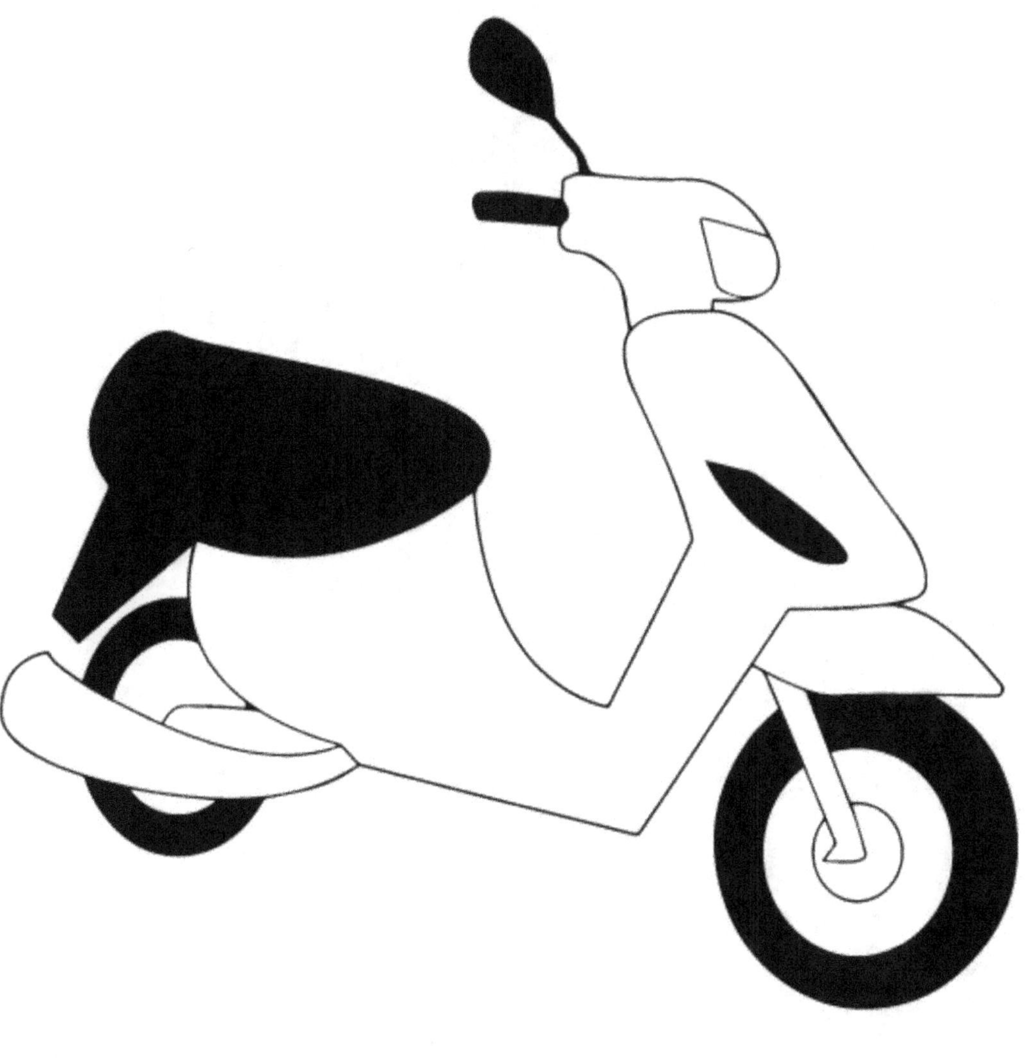

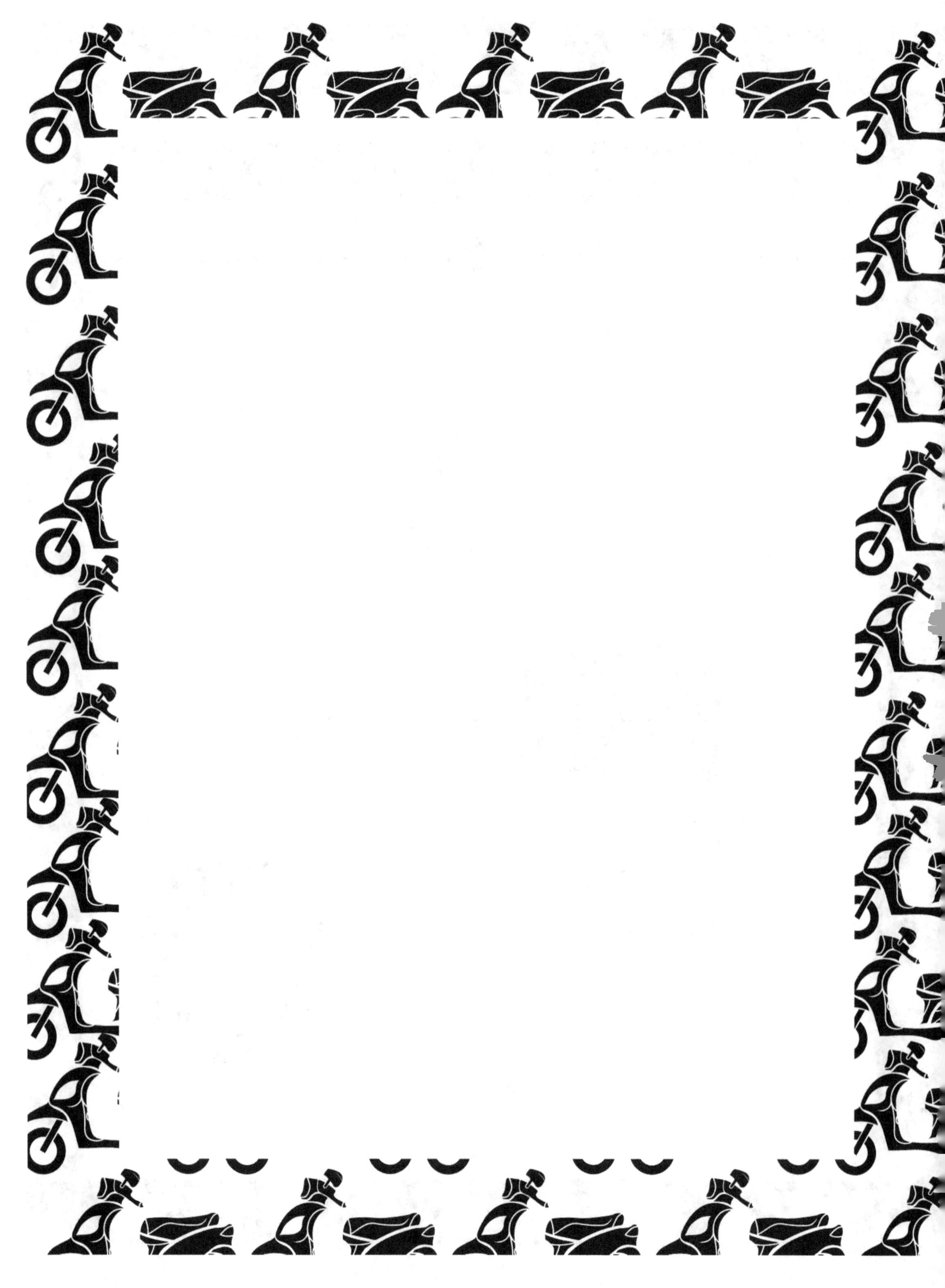

COULEUR & AMUSEMENT

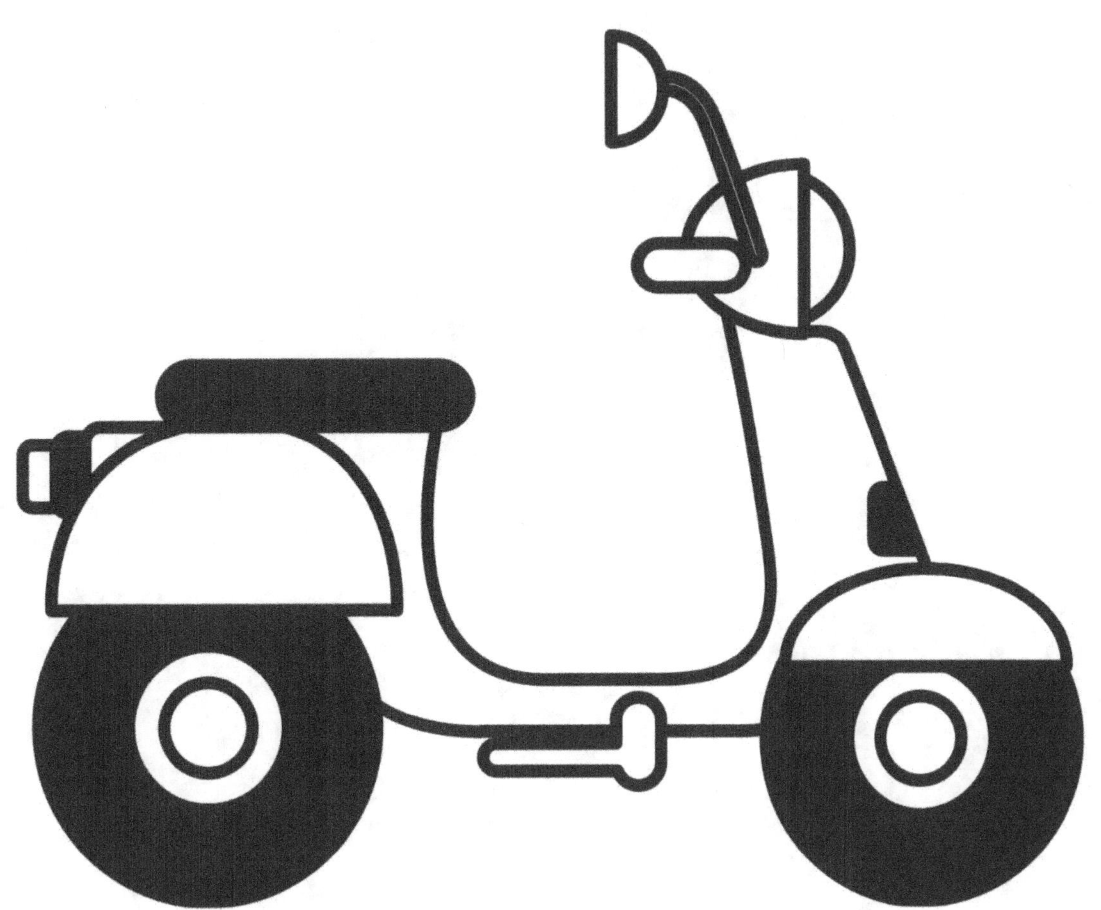

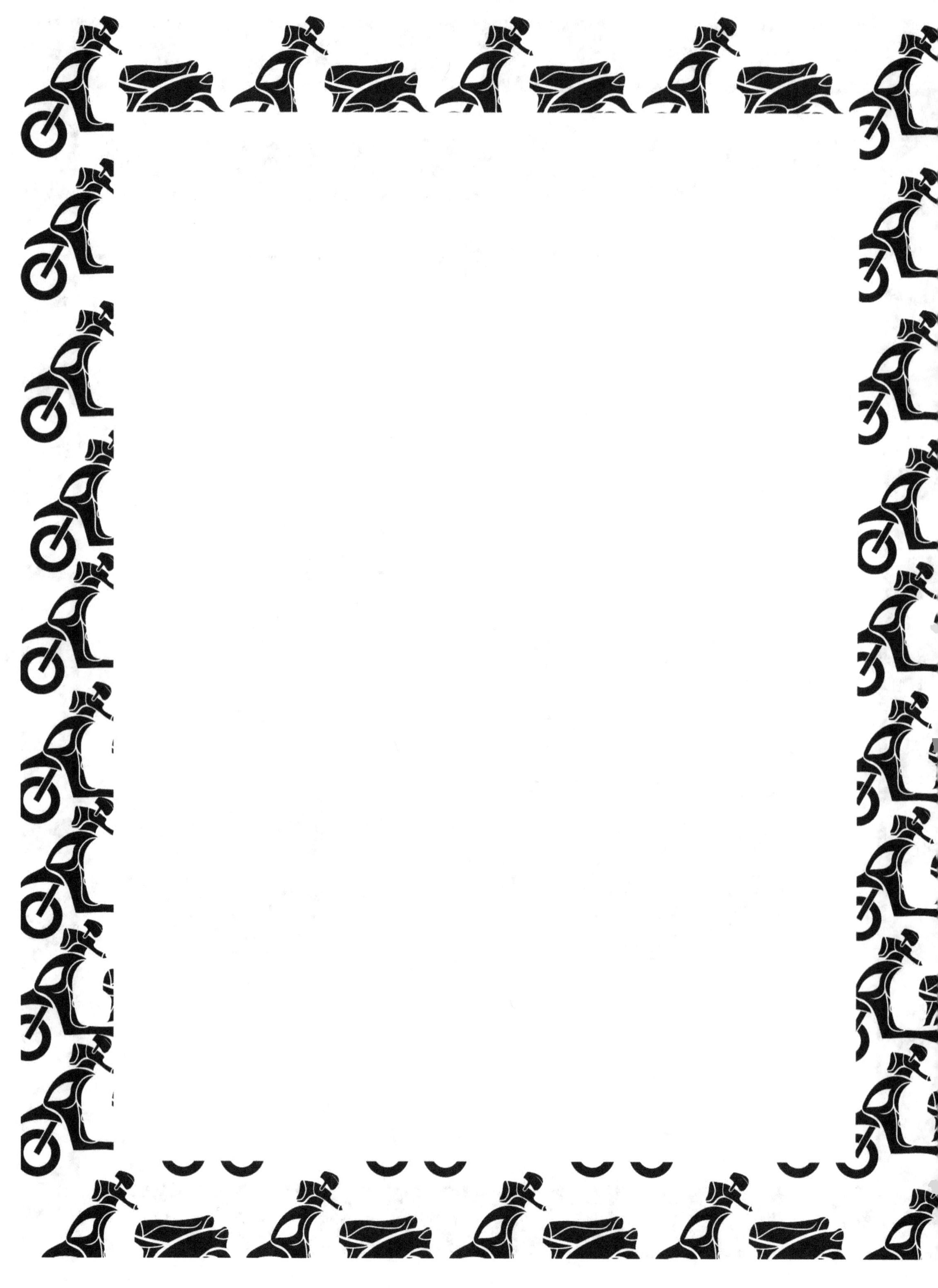

COULEUR & AMUSEMENT

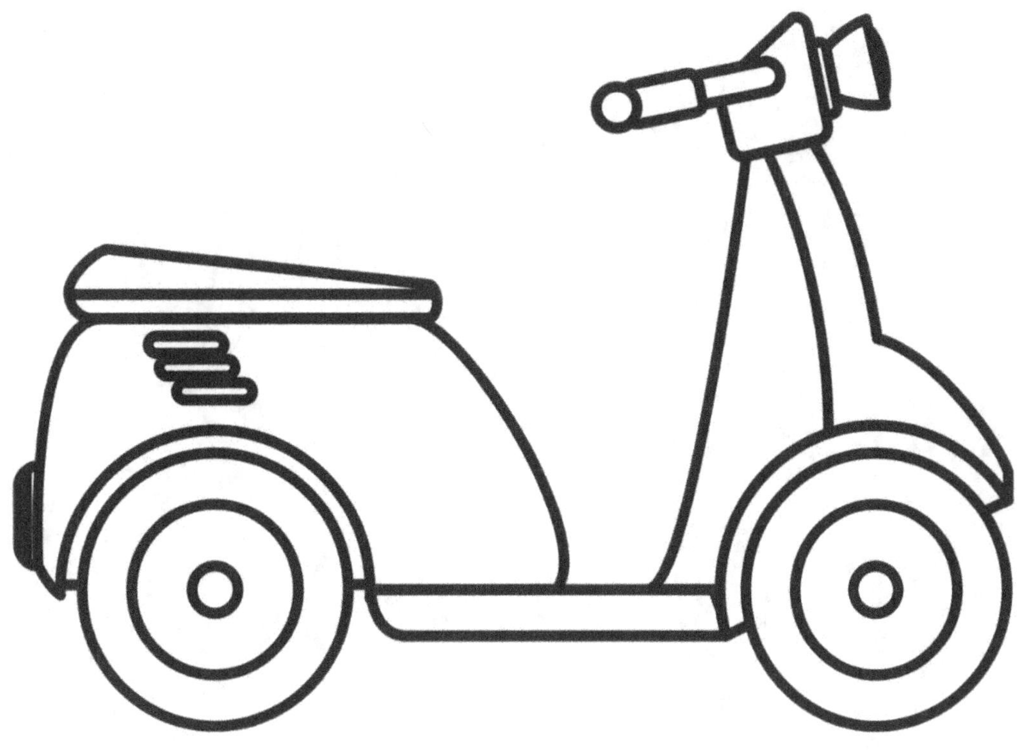

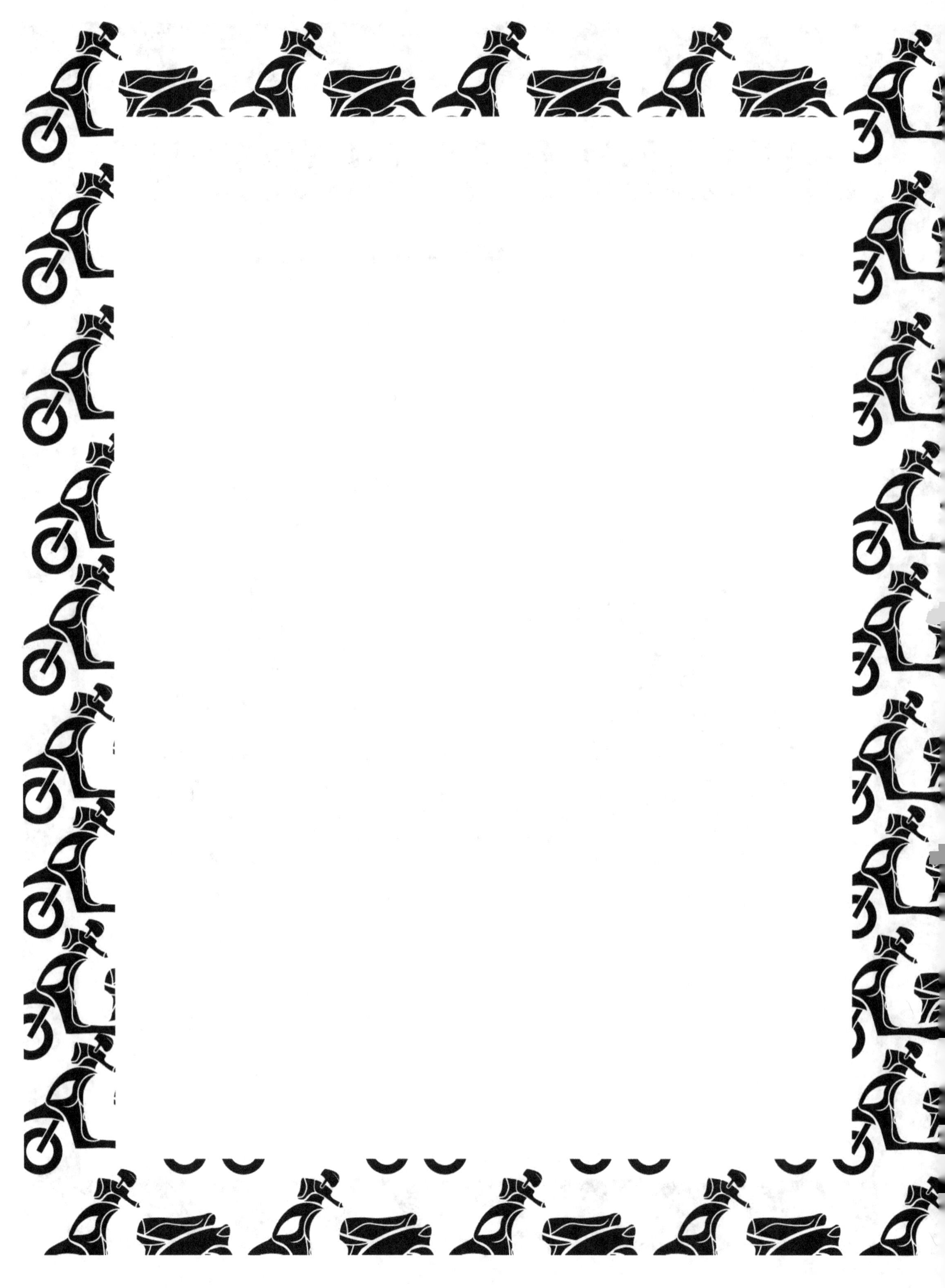

COULEUR & AMUSEMENT

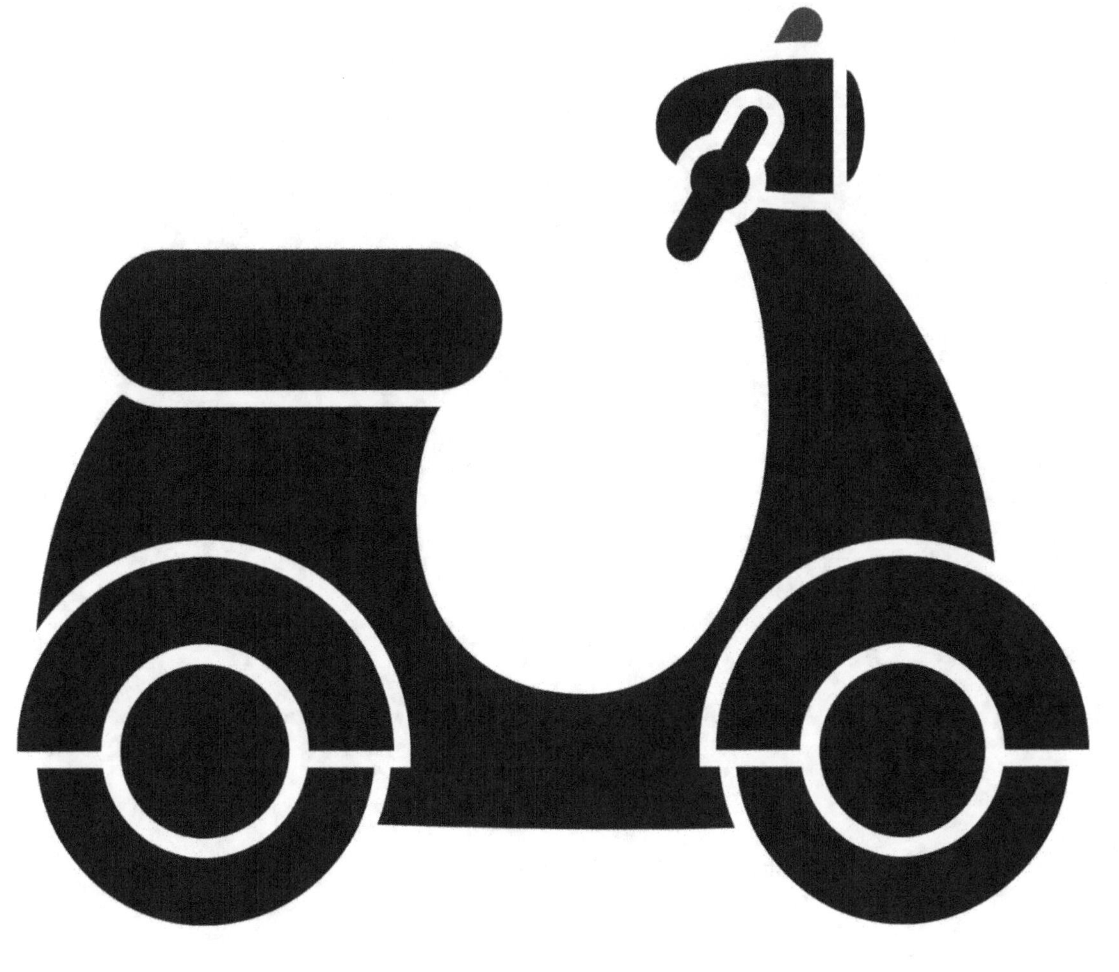

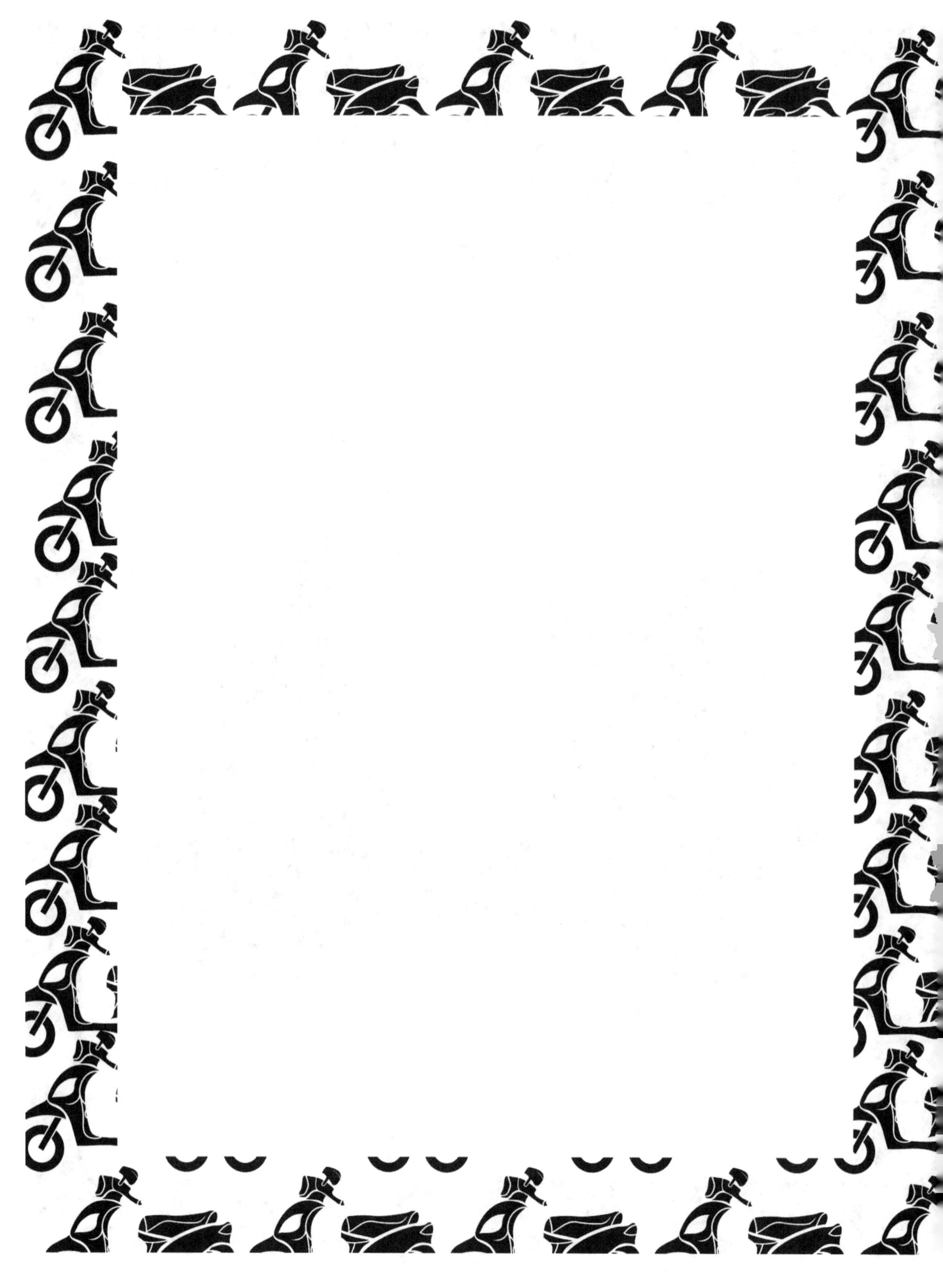

COULEUR & AMUSEMENT

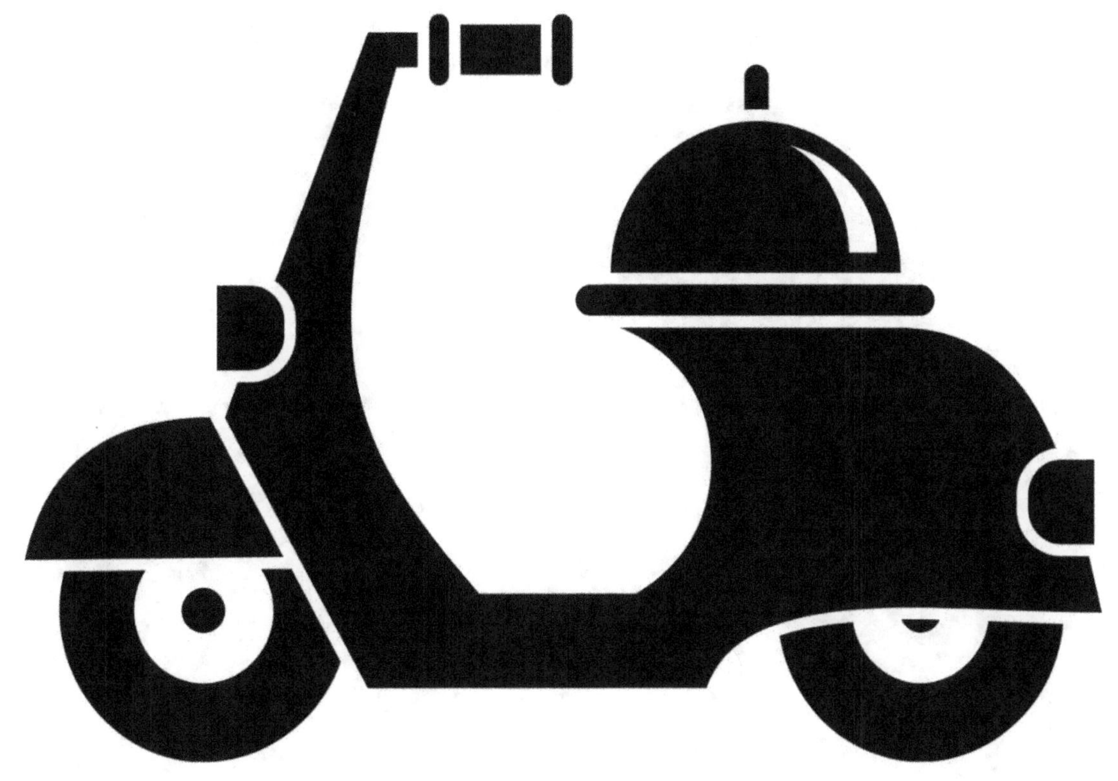

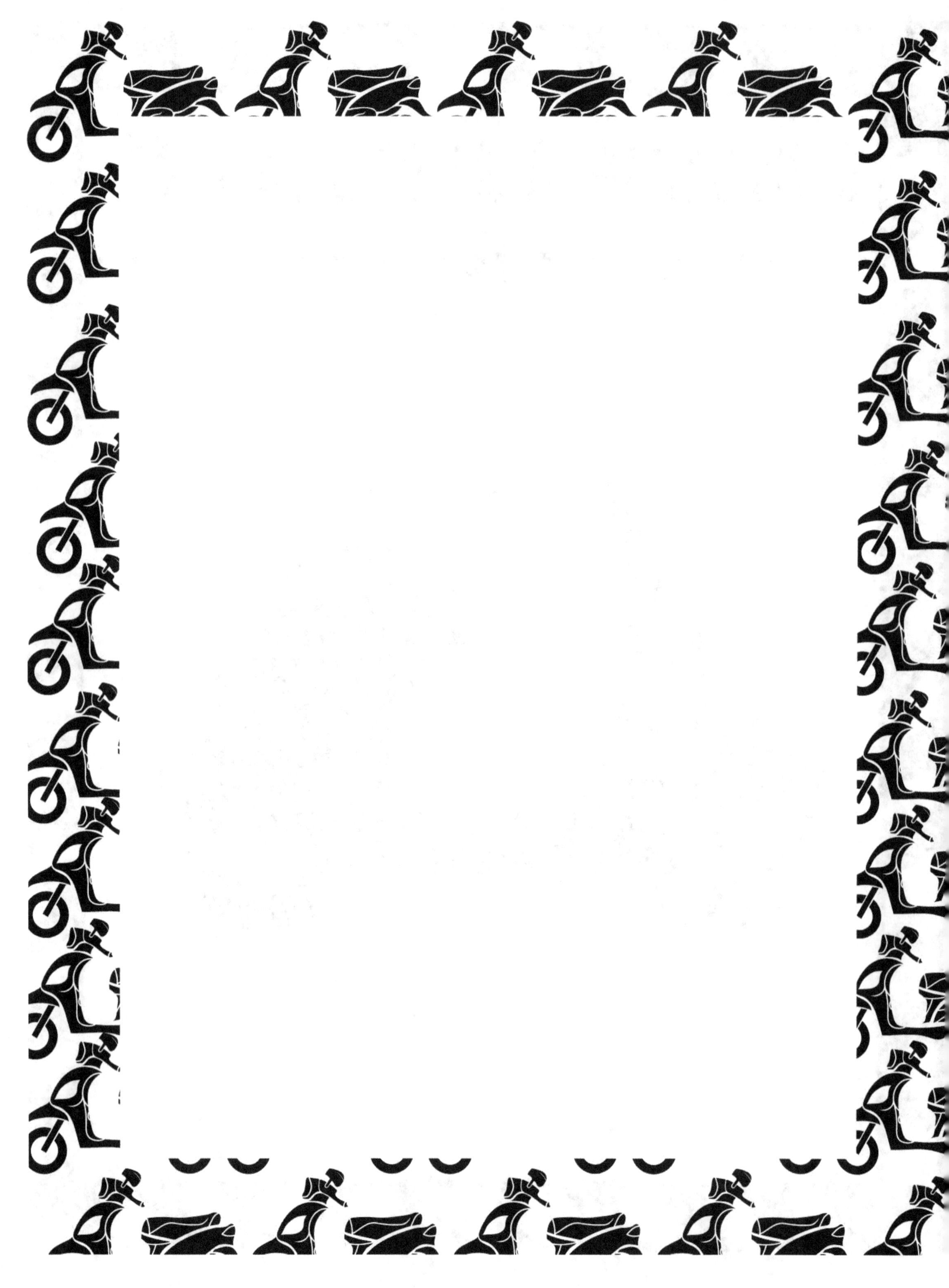

COULEUR & AMUSEMENT

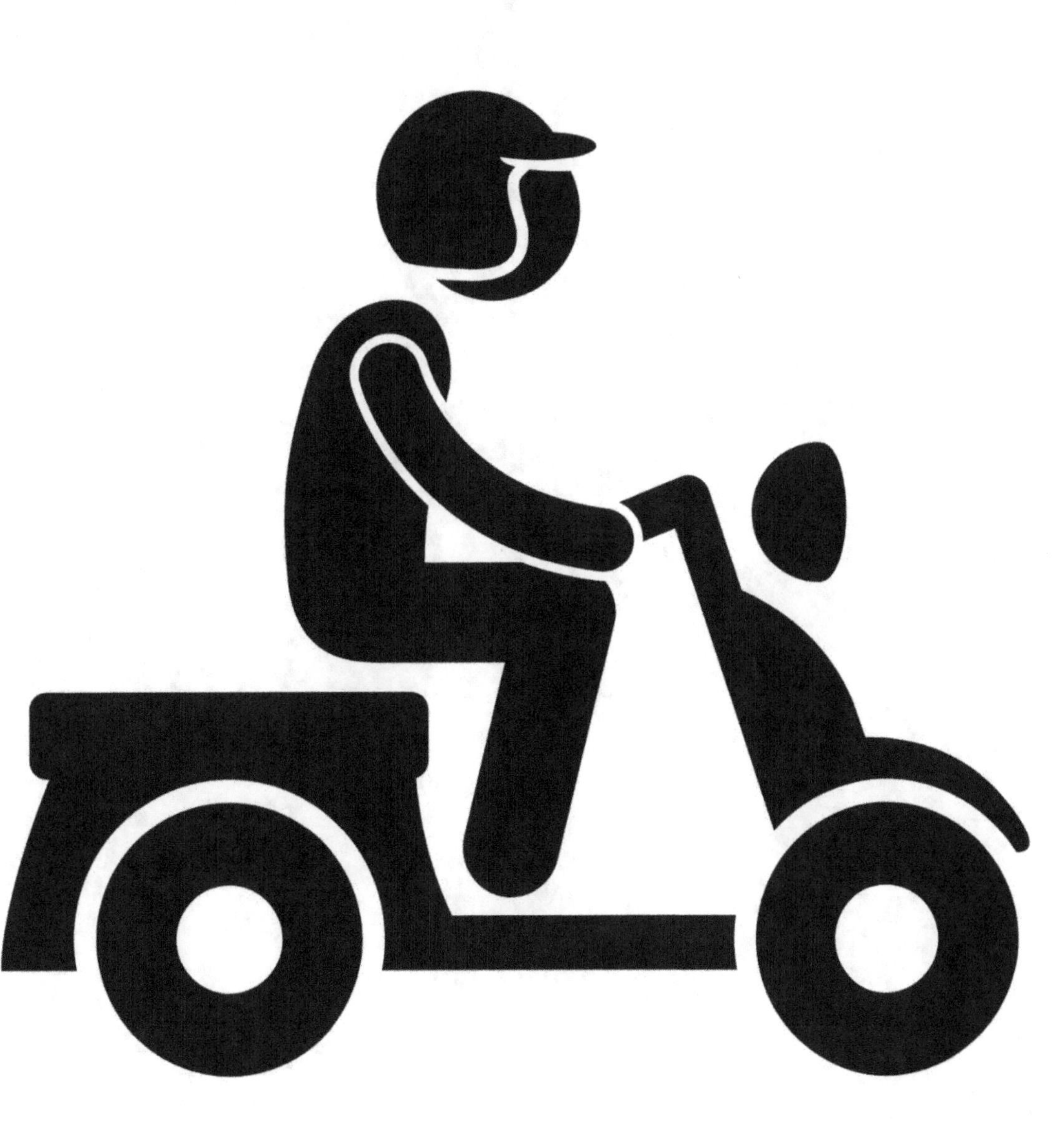

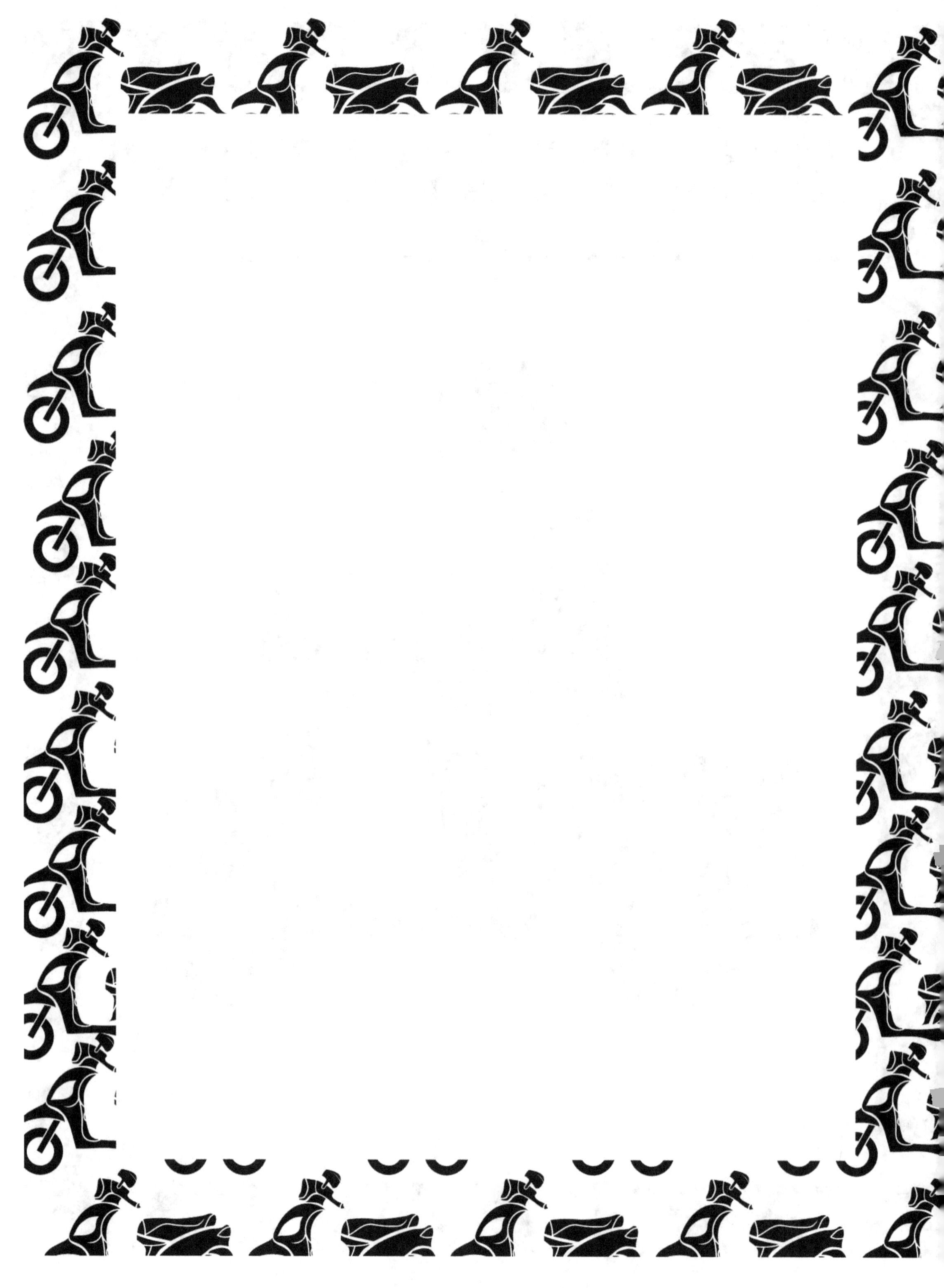

COULEUR & AMUSEMENT

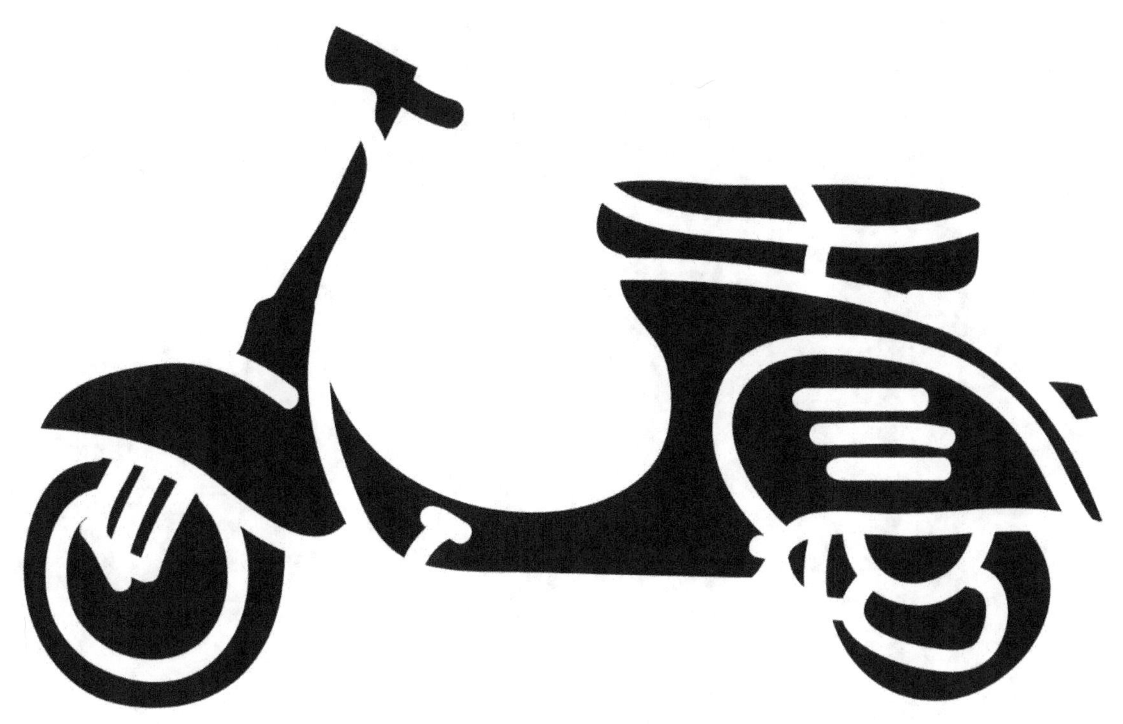

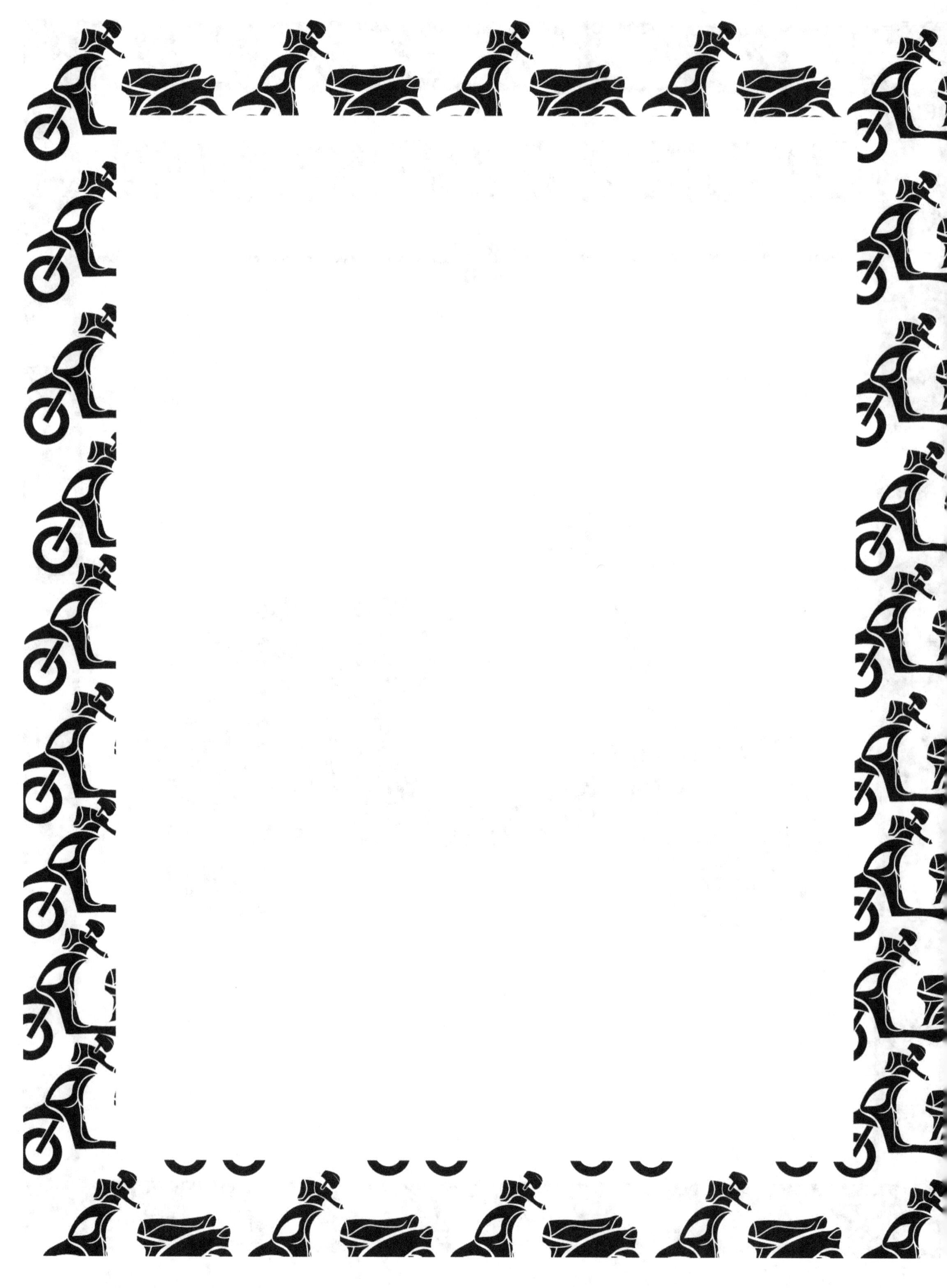

COULEUR & AMUSEMENT

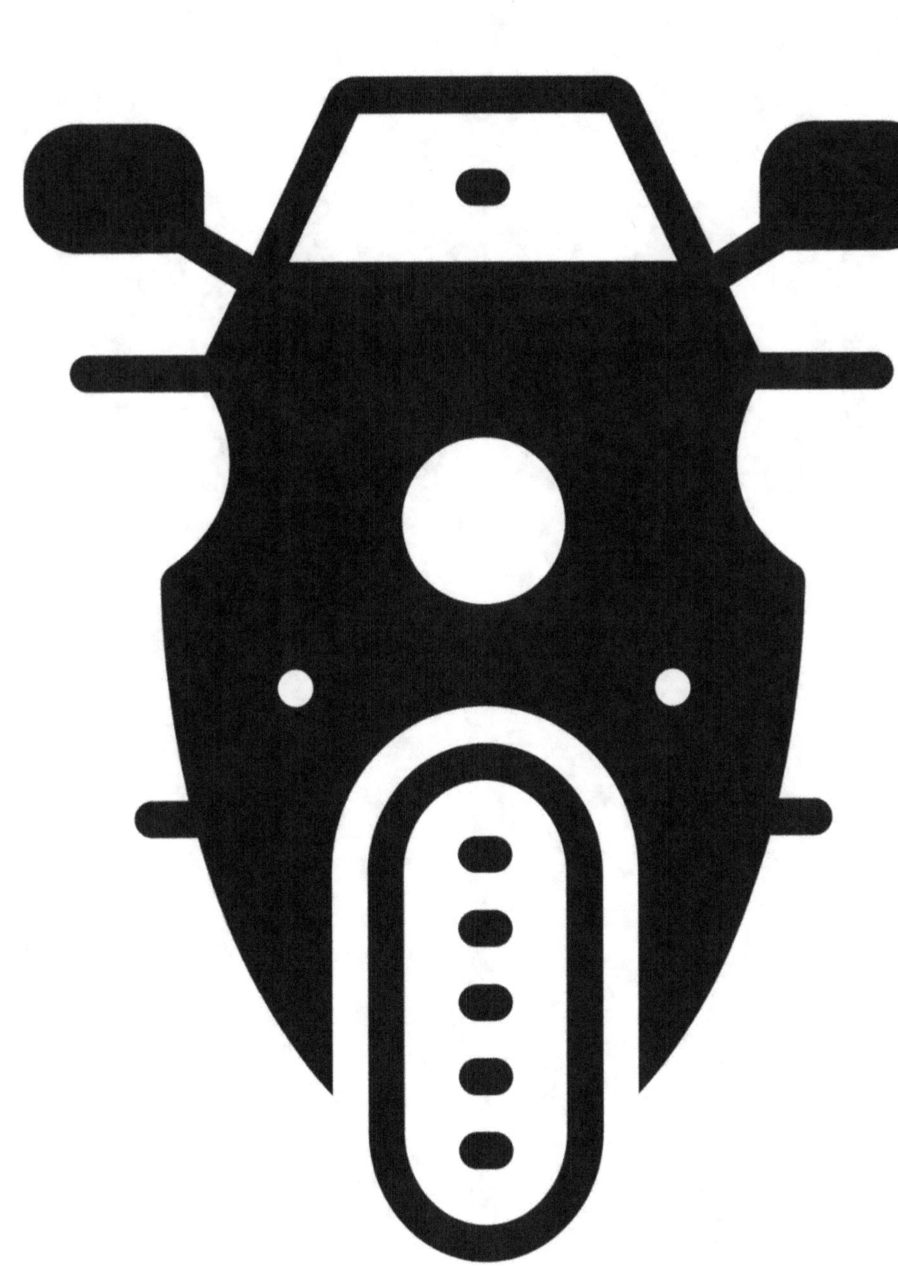

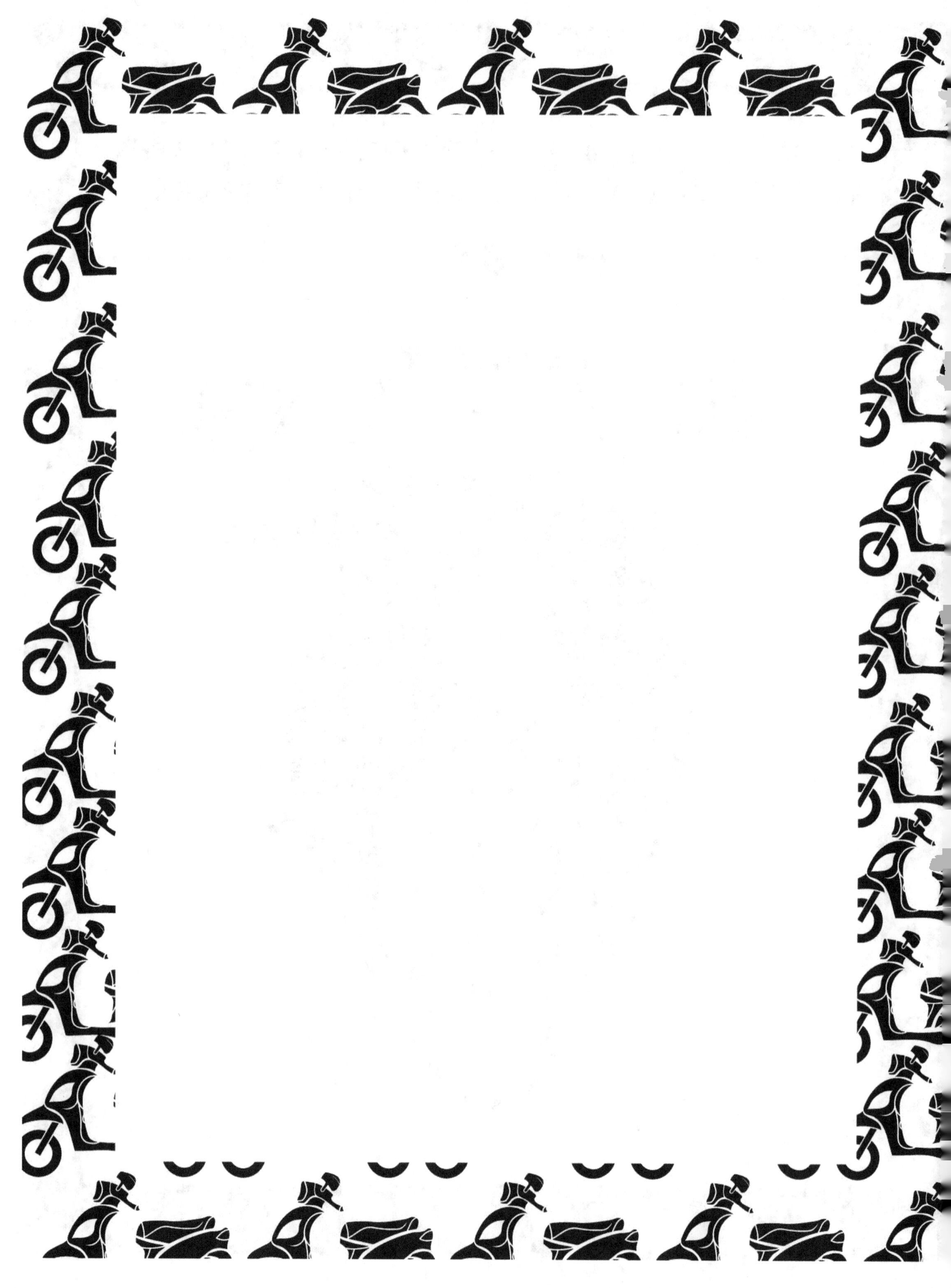

COULEUR & AMUSEMENT

COULEUR & AMUSEMENT

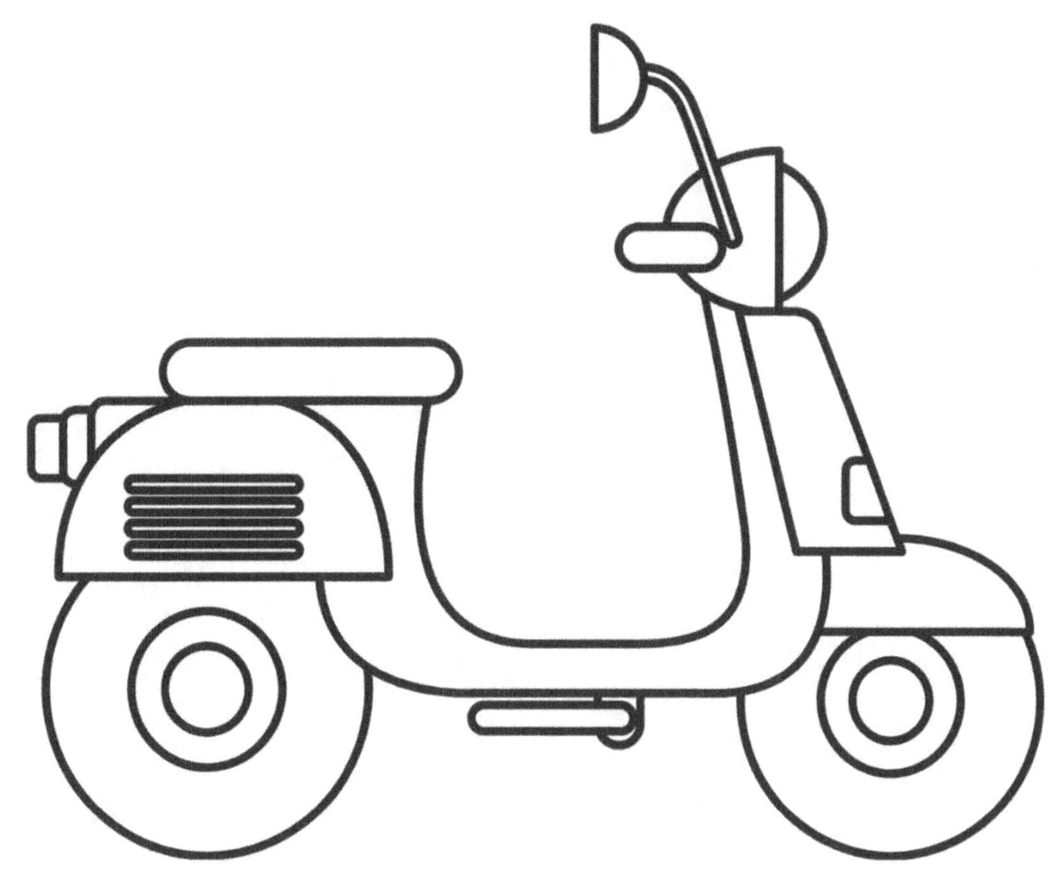

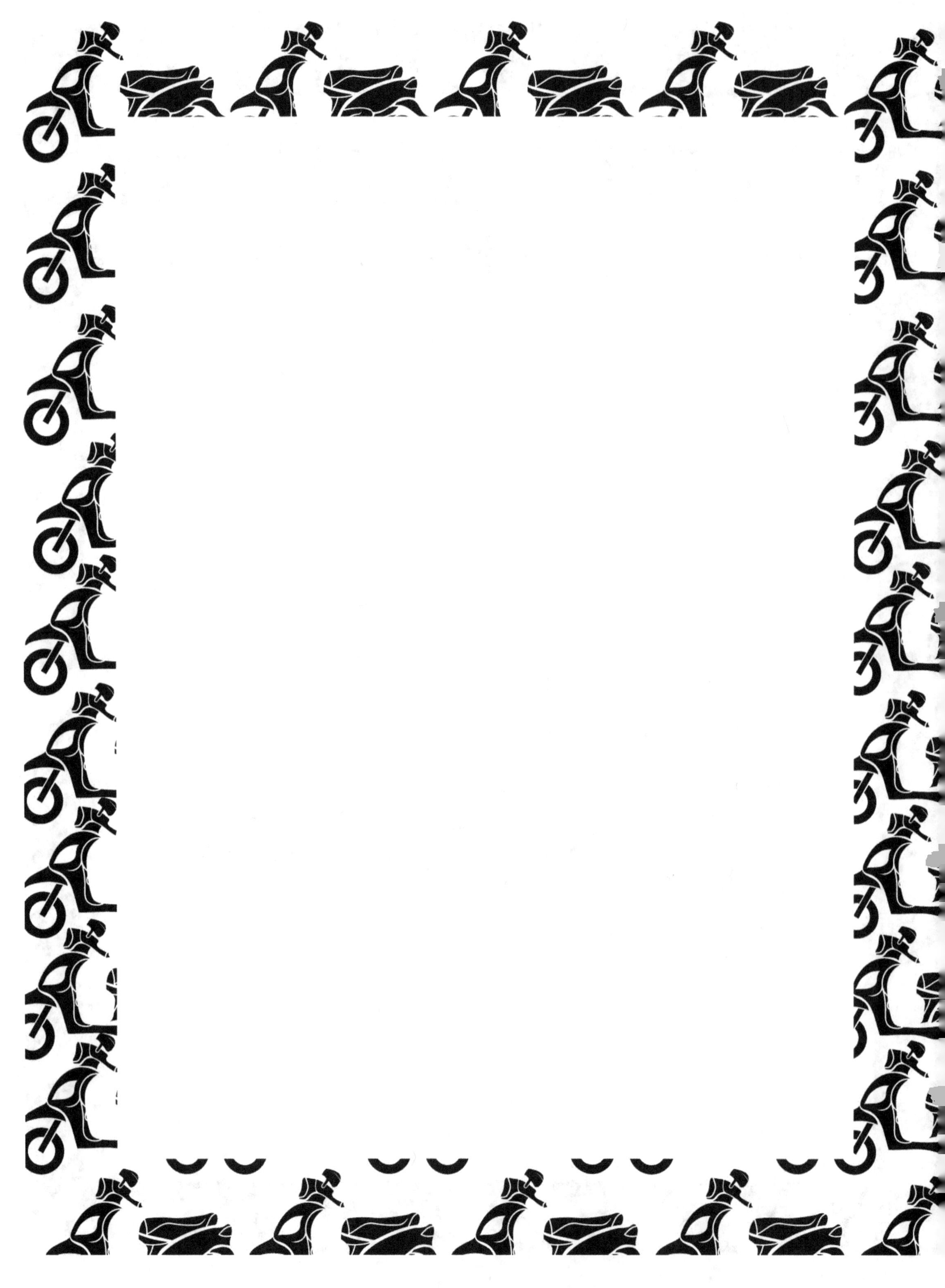

COULEUR & AMUSEMENT

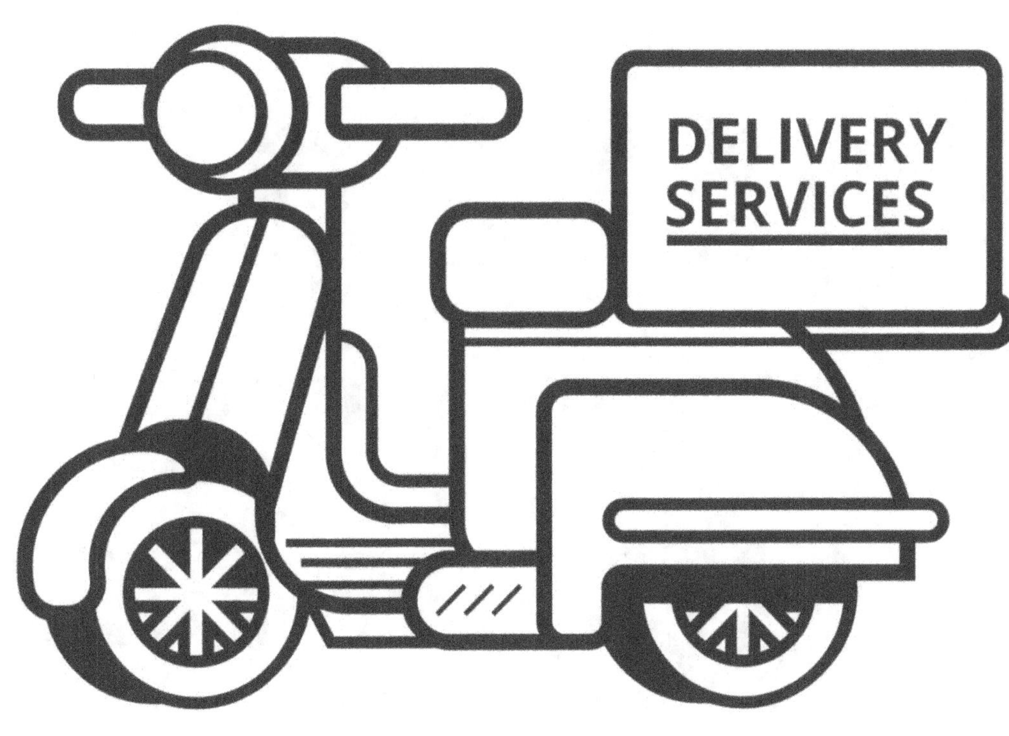

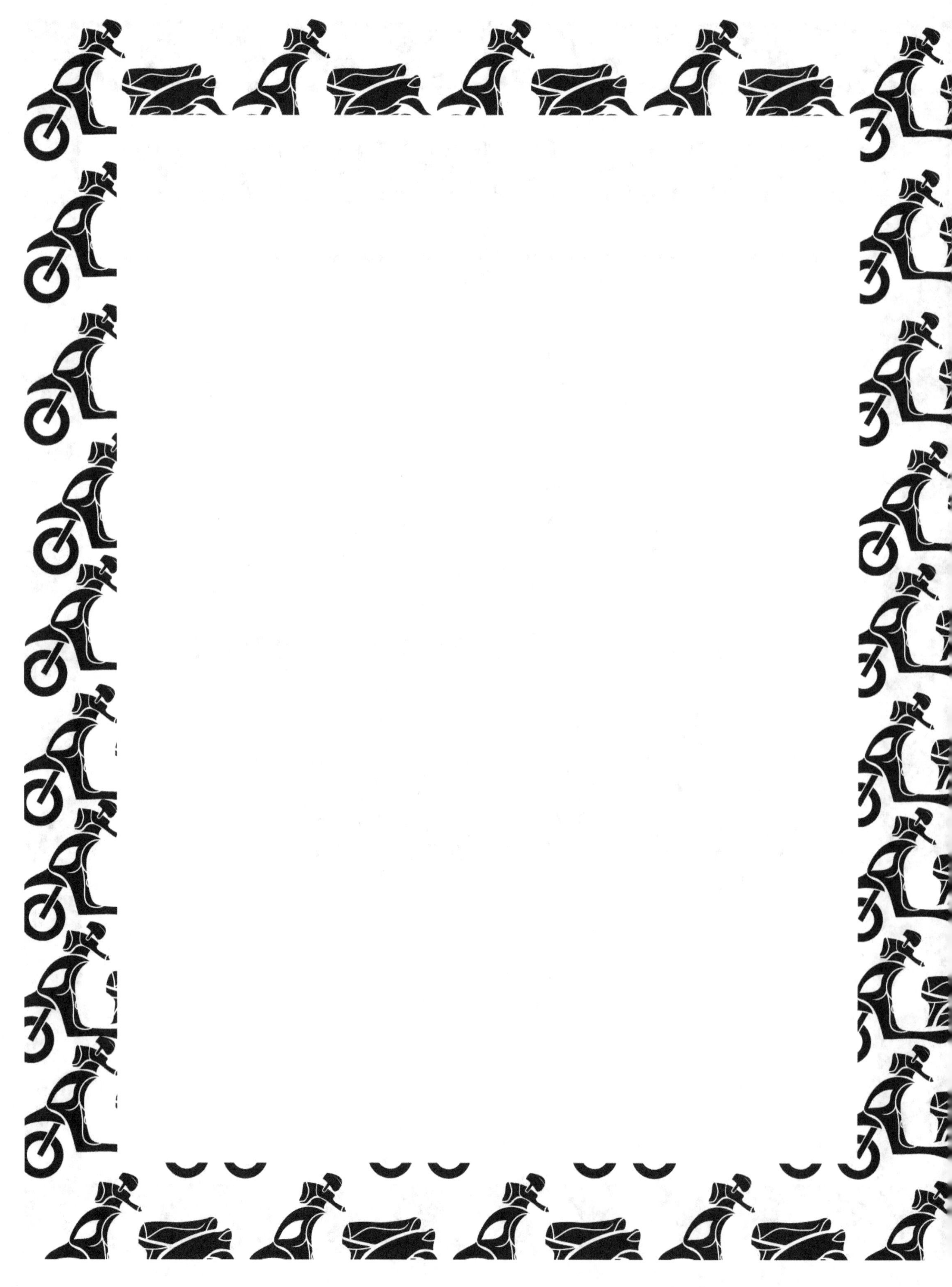

COULEUR & AMUSEMENT

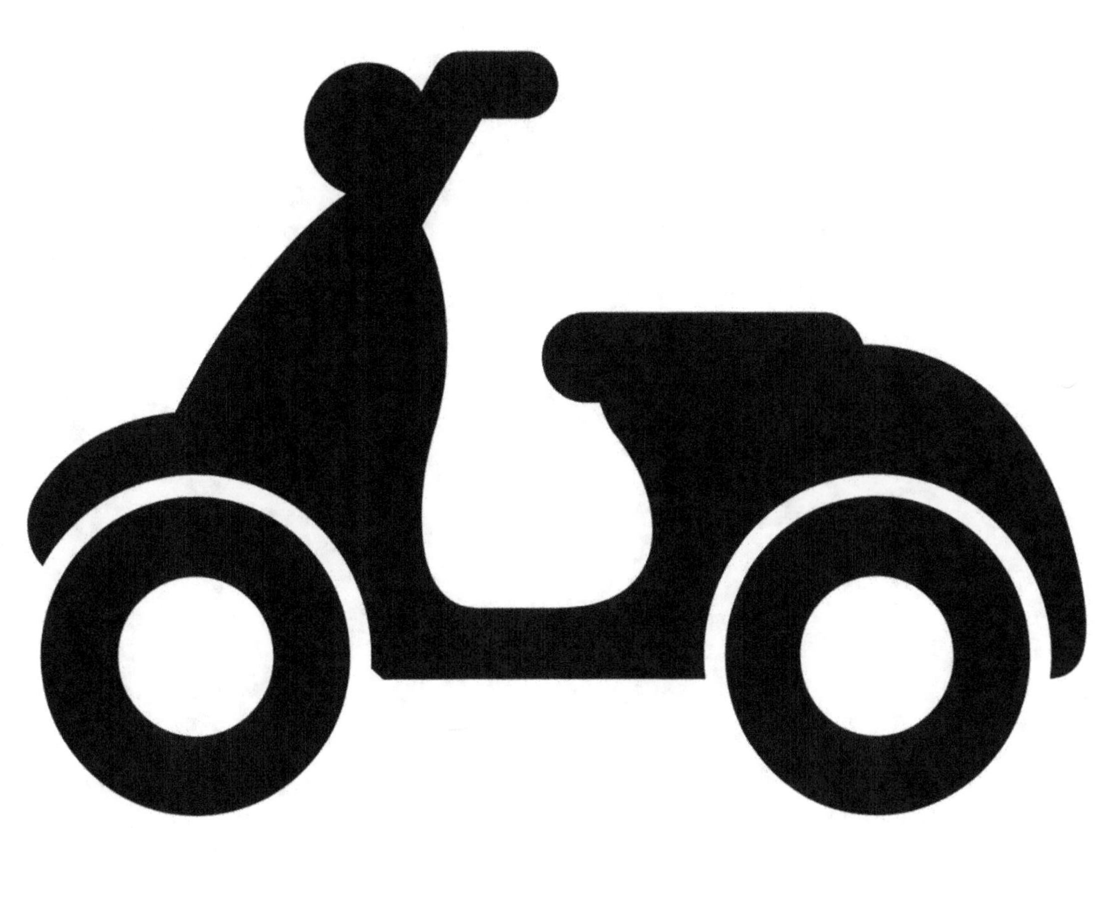

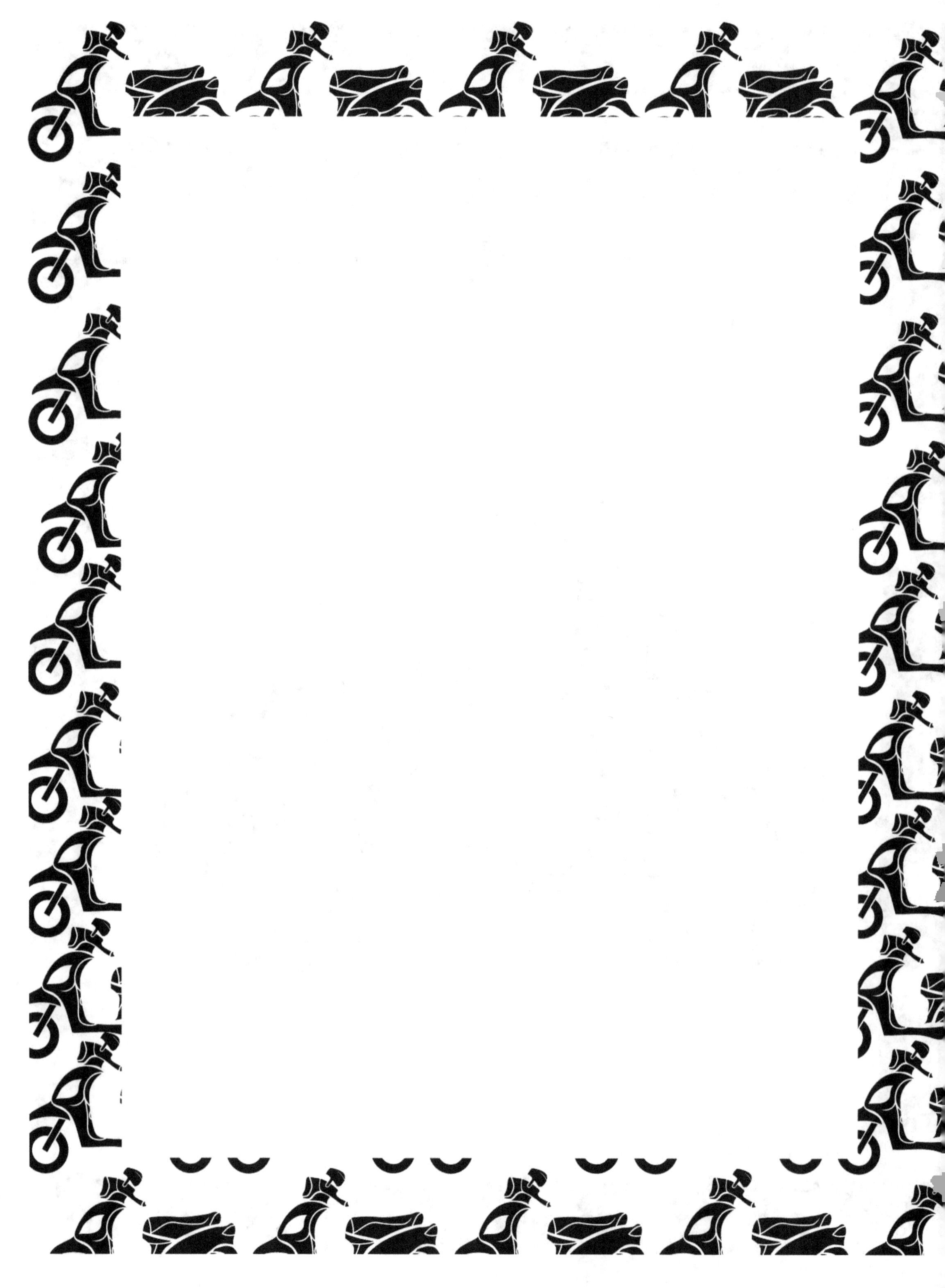

COULEUR & AMUSEMENT

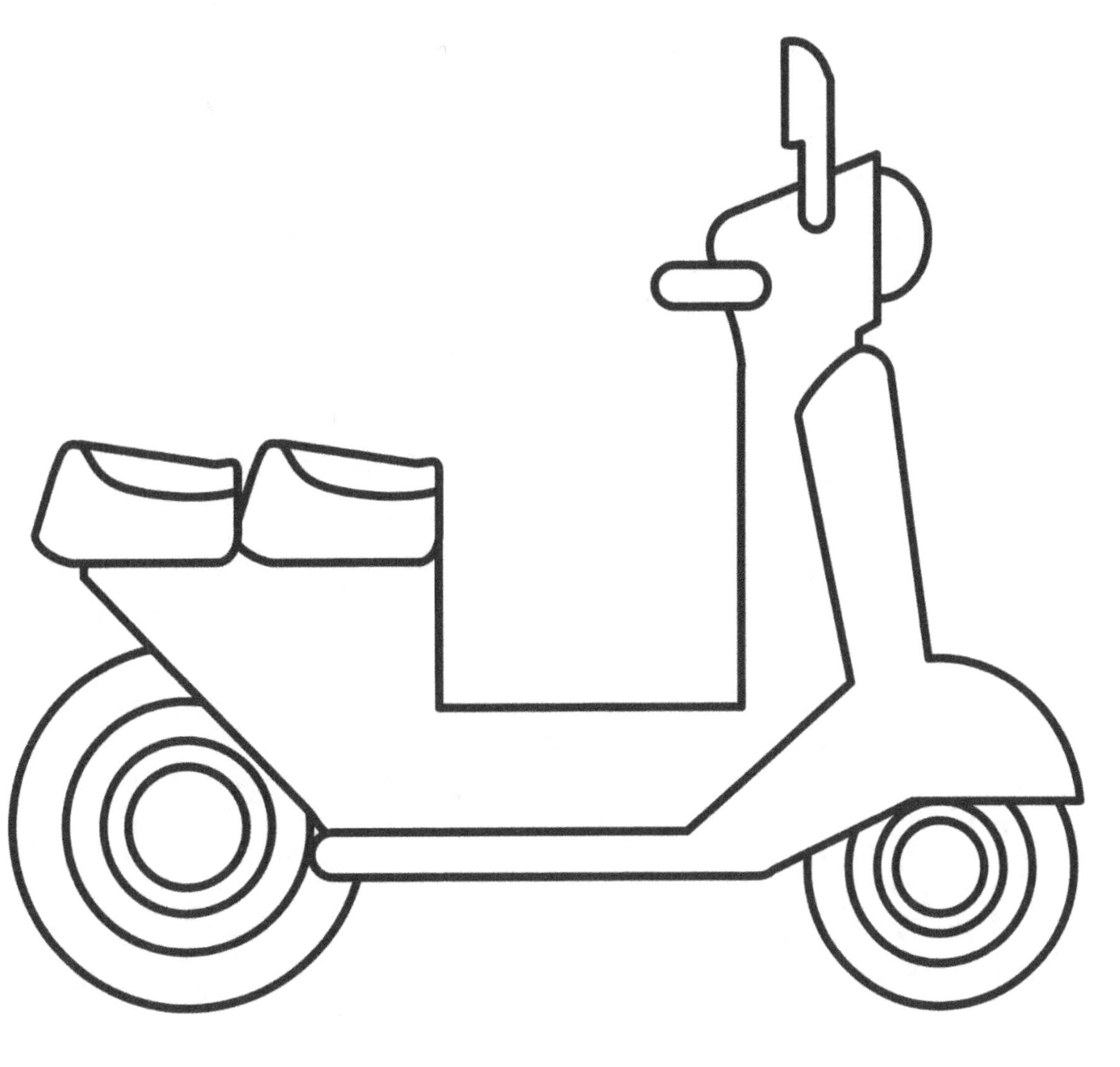

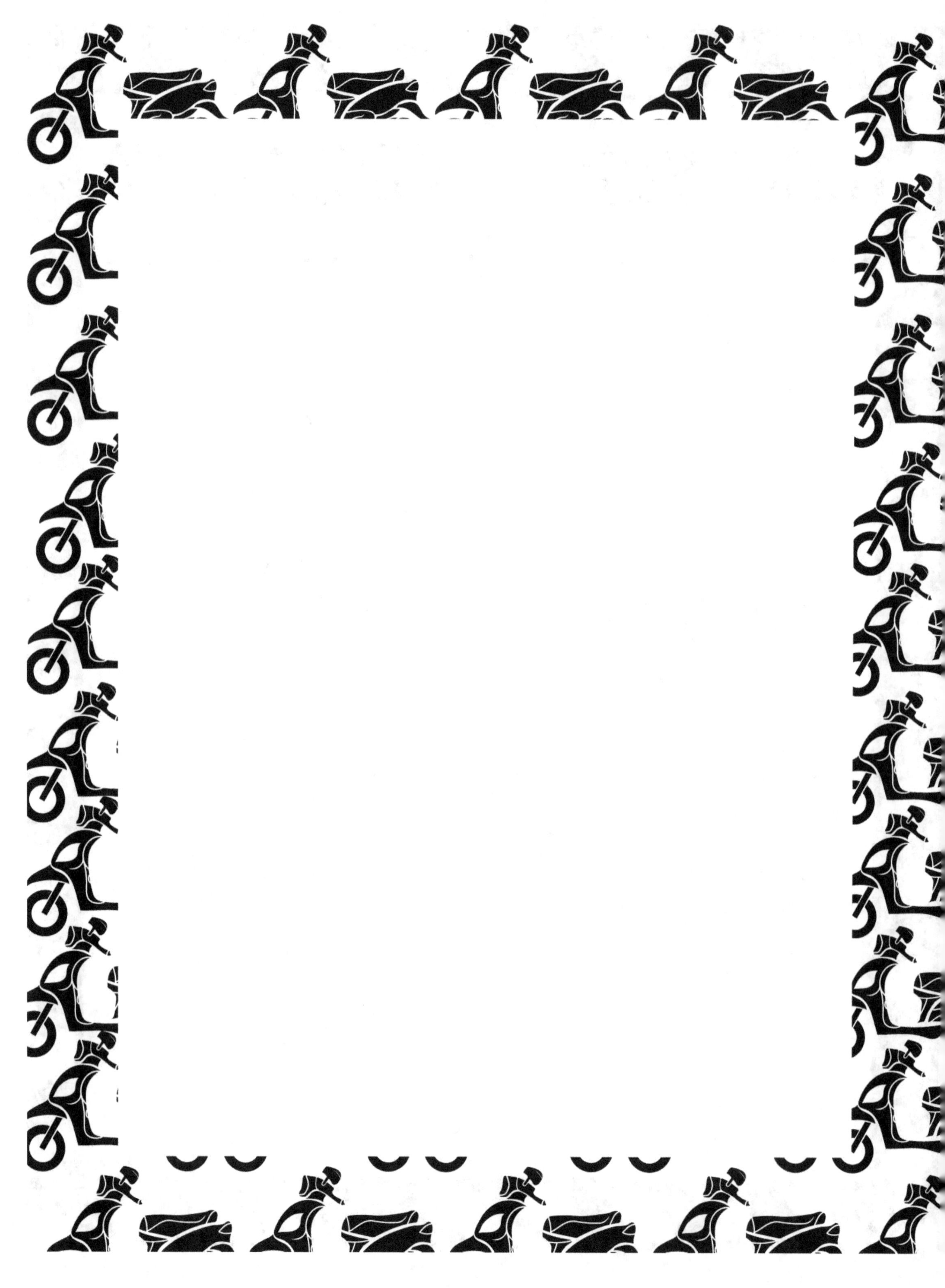

COULEUR & AMUSEMENT

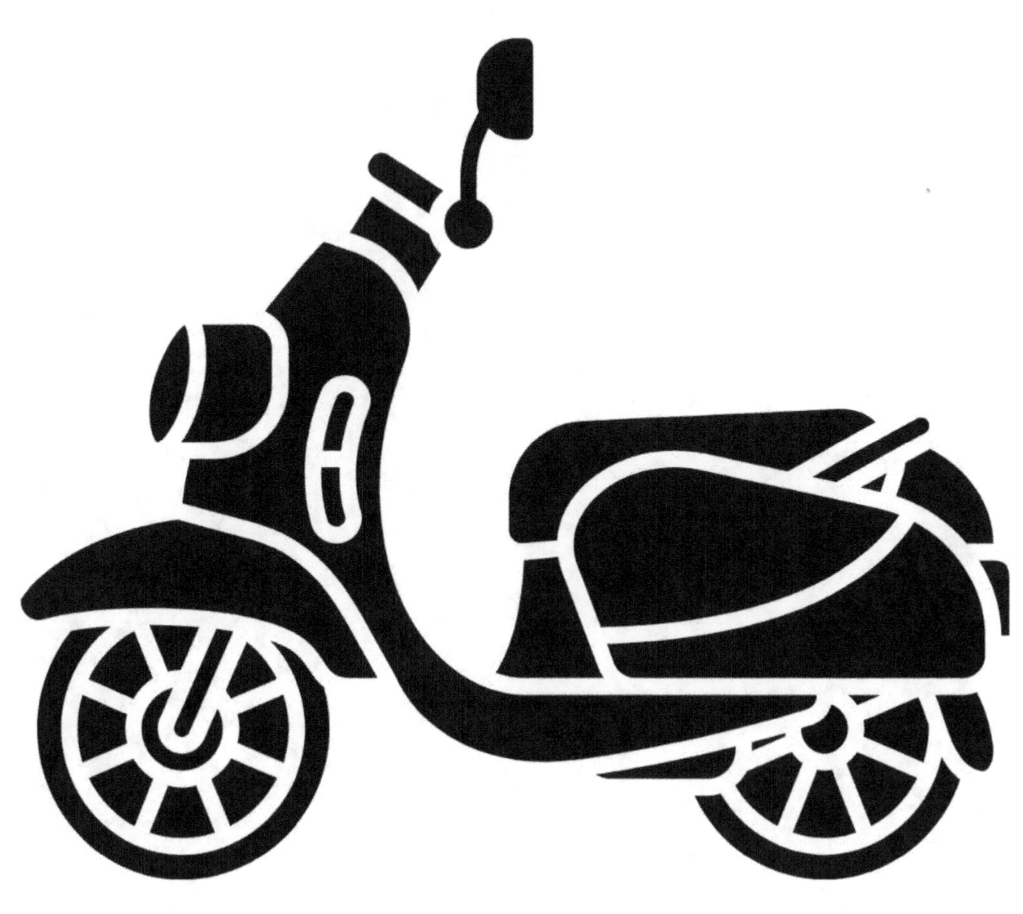

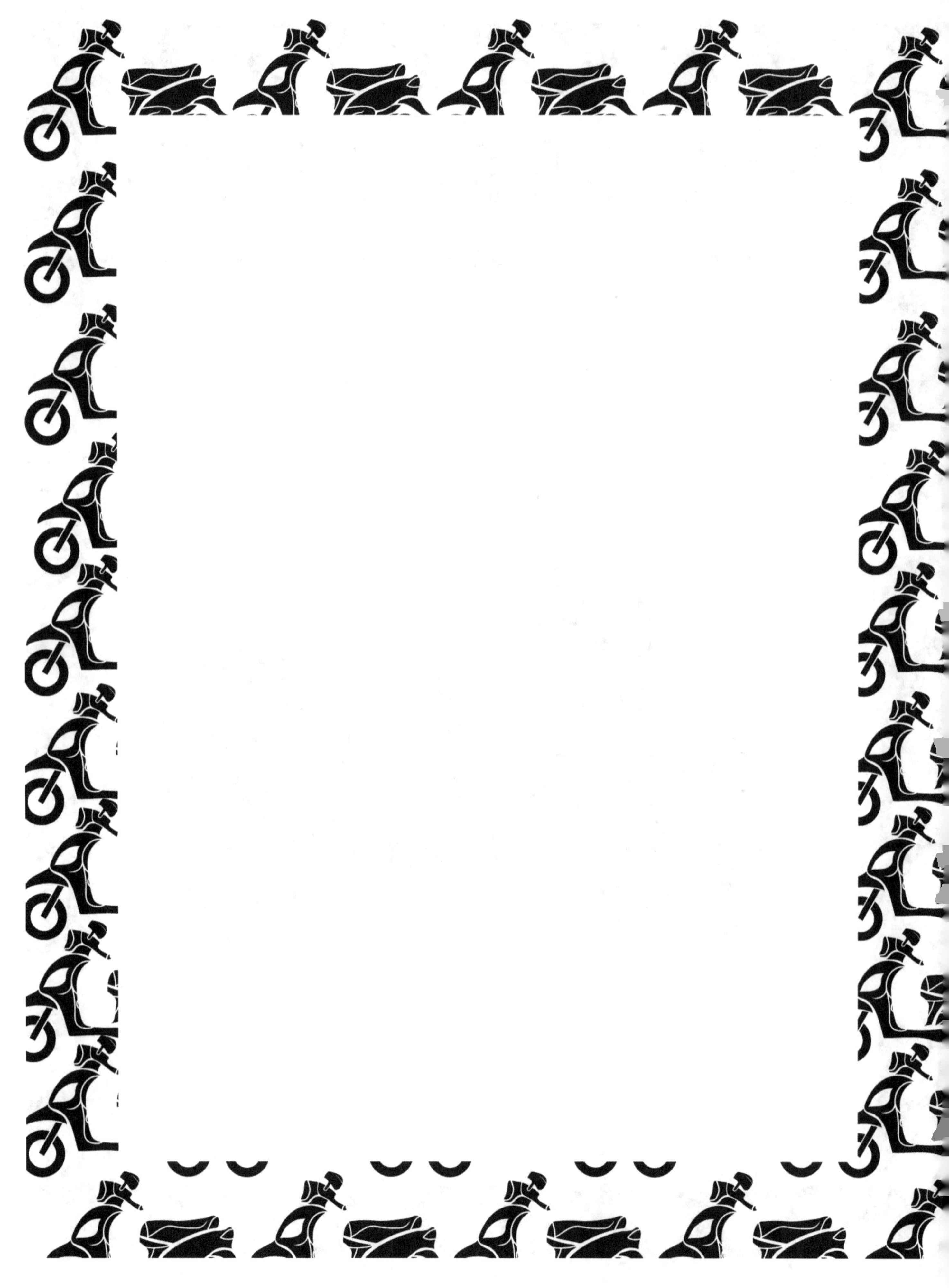

COULEUR & AMUSEMENT

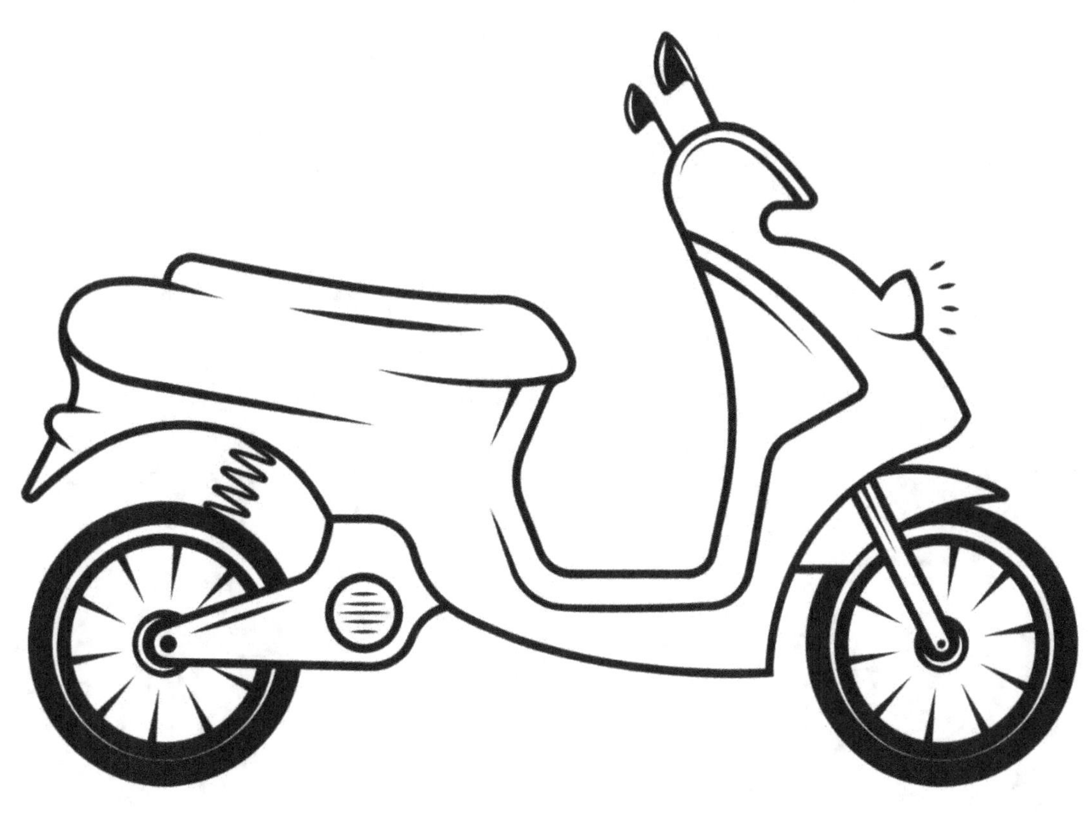

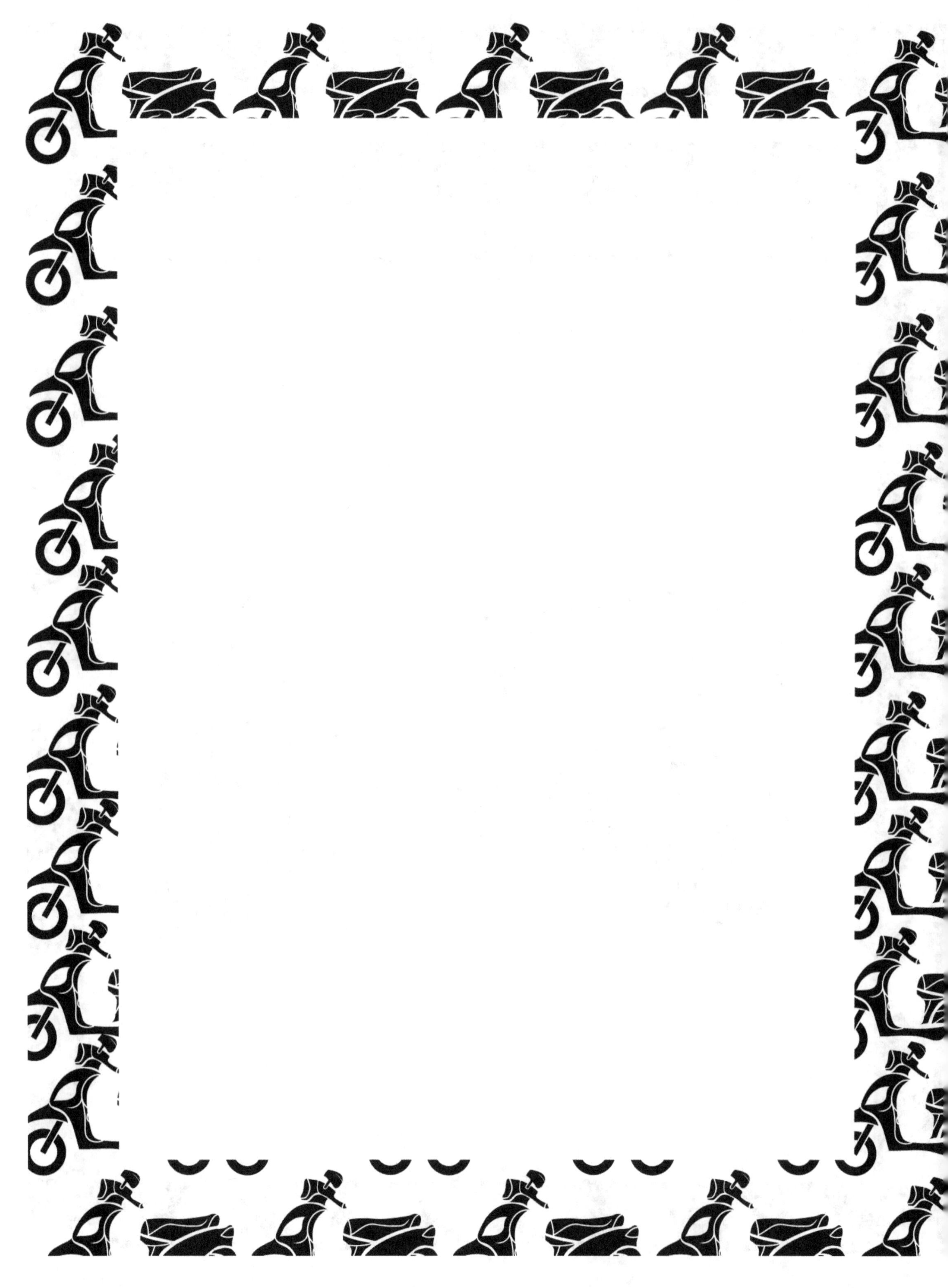

COULEUR & AMUSEMENT

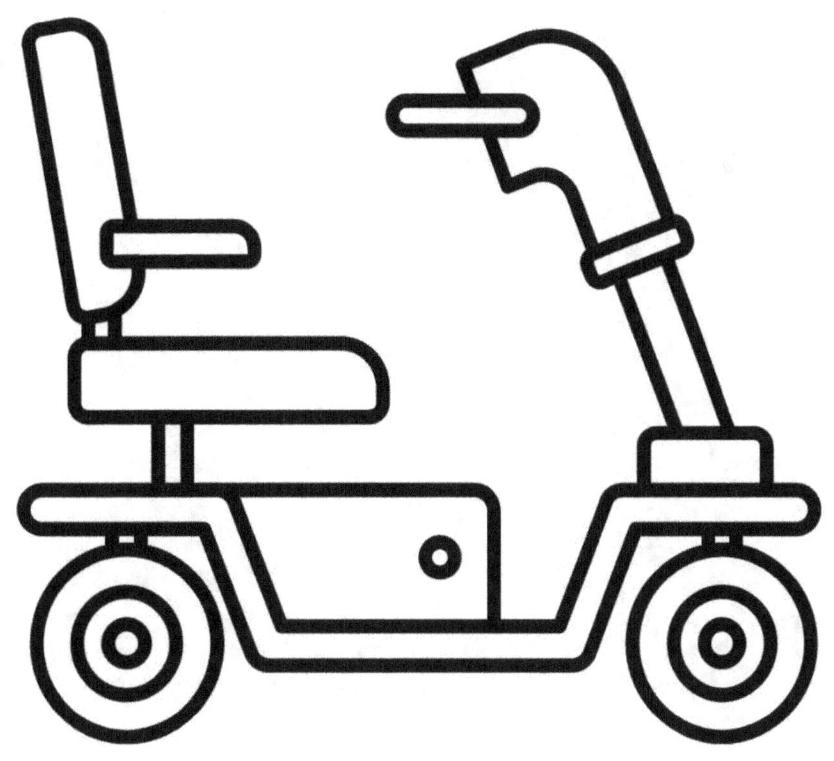

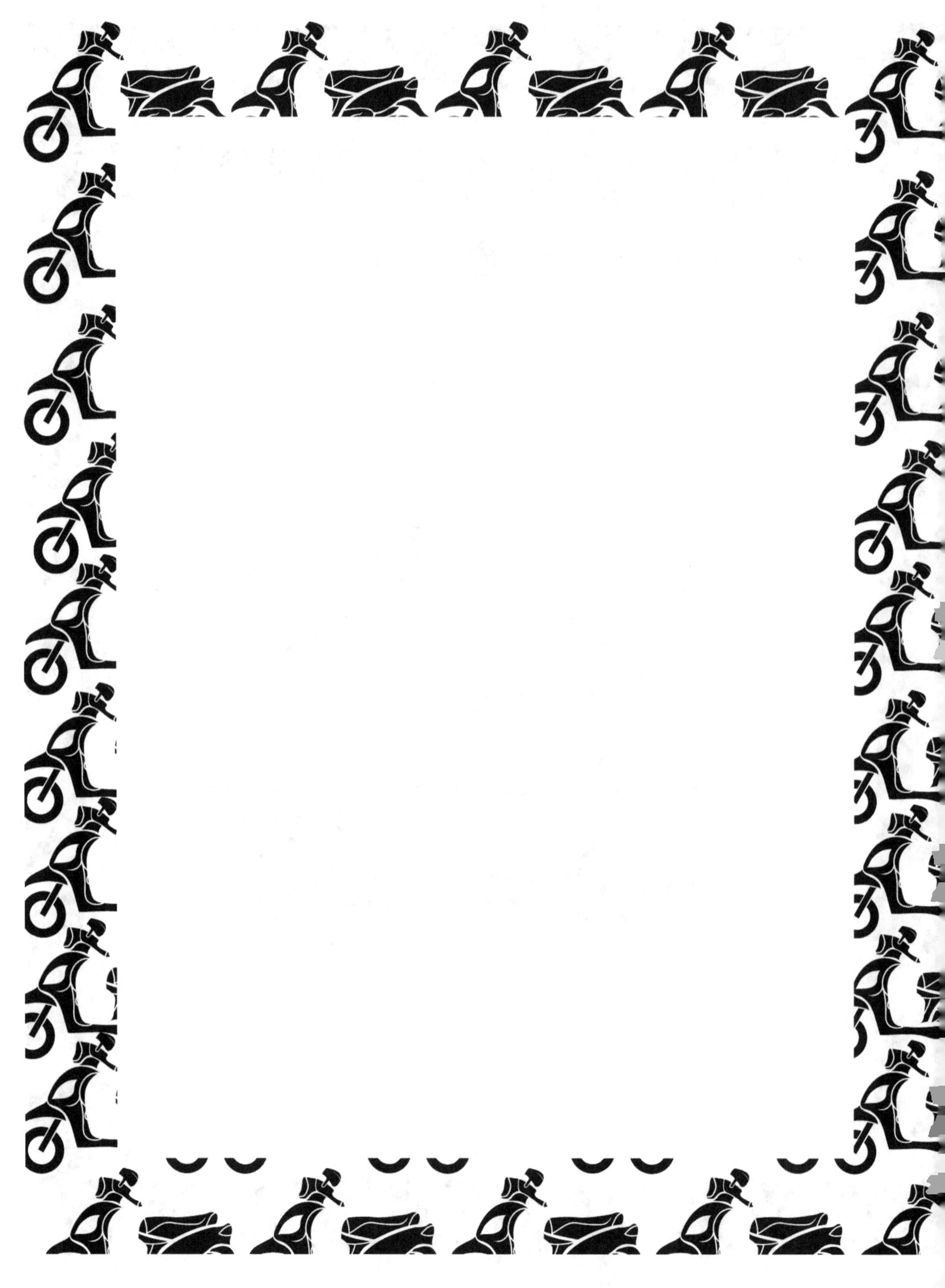

COULEUR & AMUSEMENT

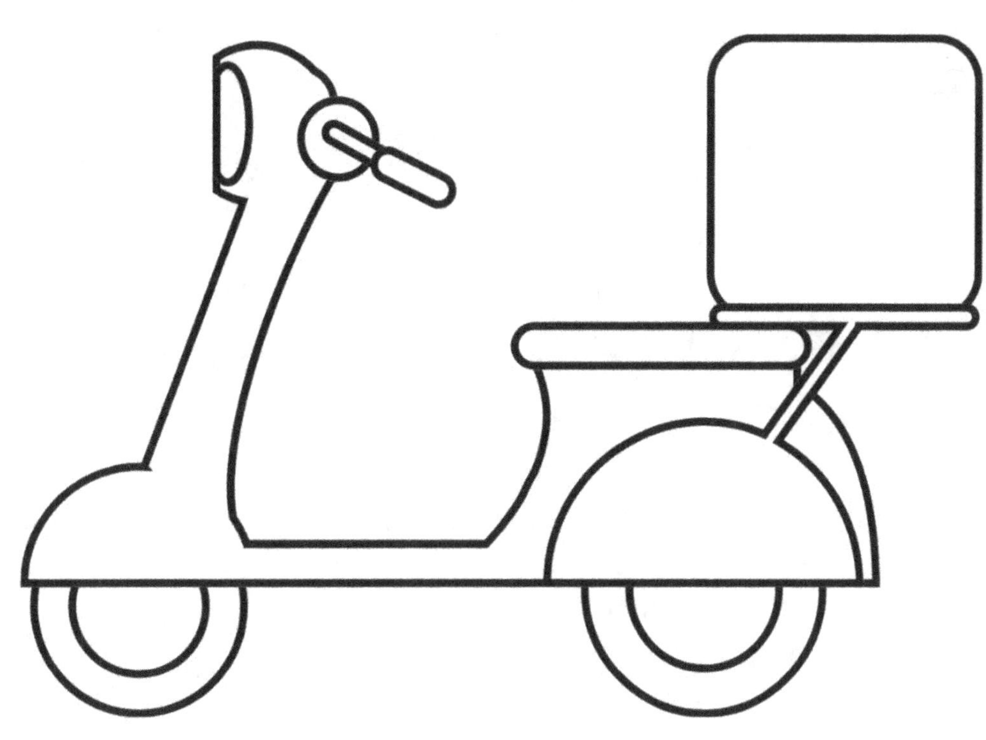

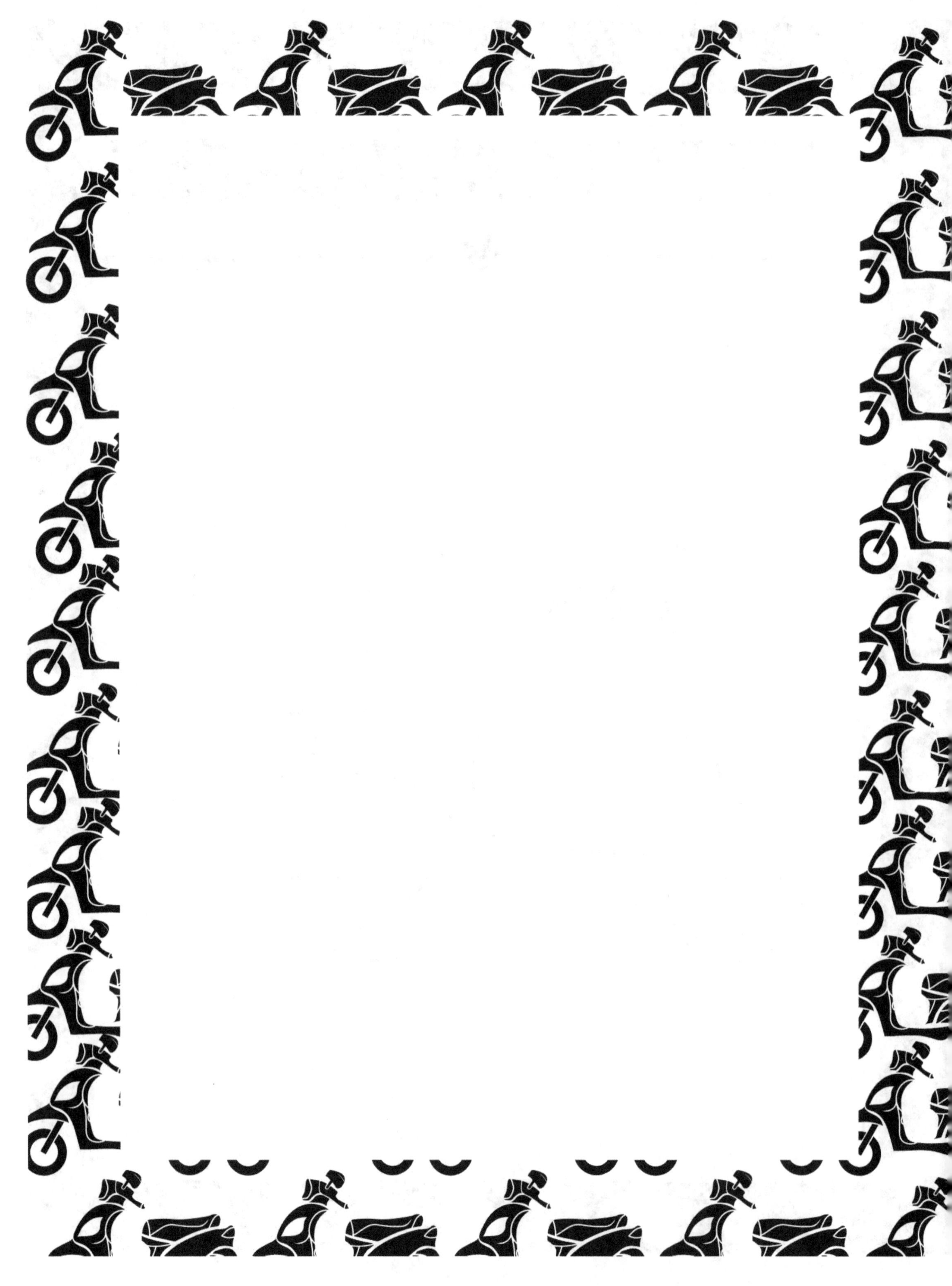

COULEUR & AMUSEMENT

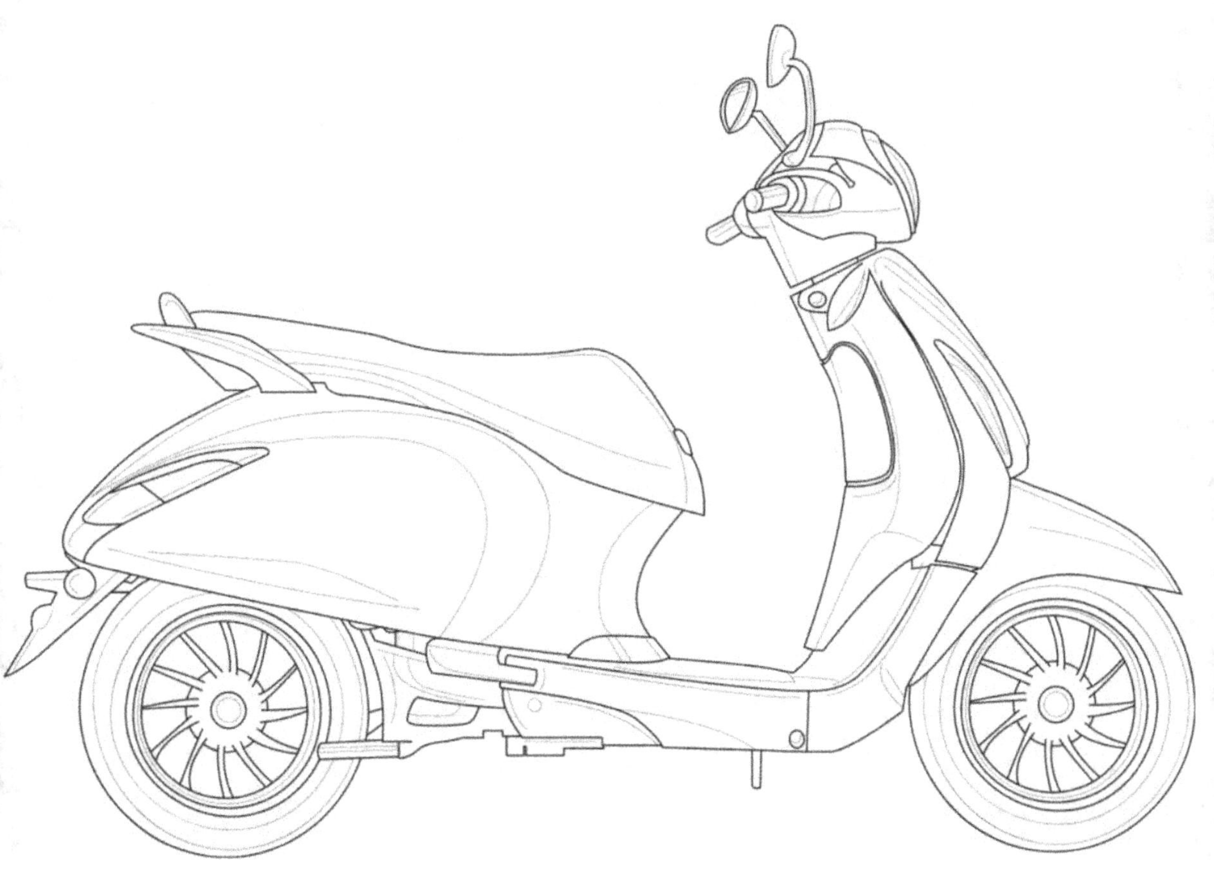

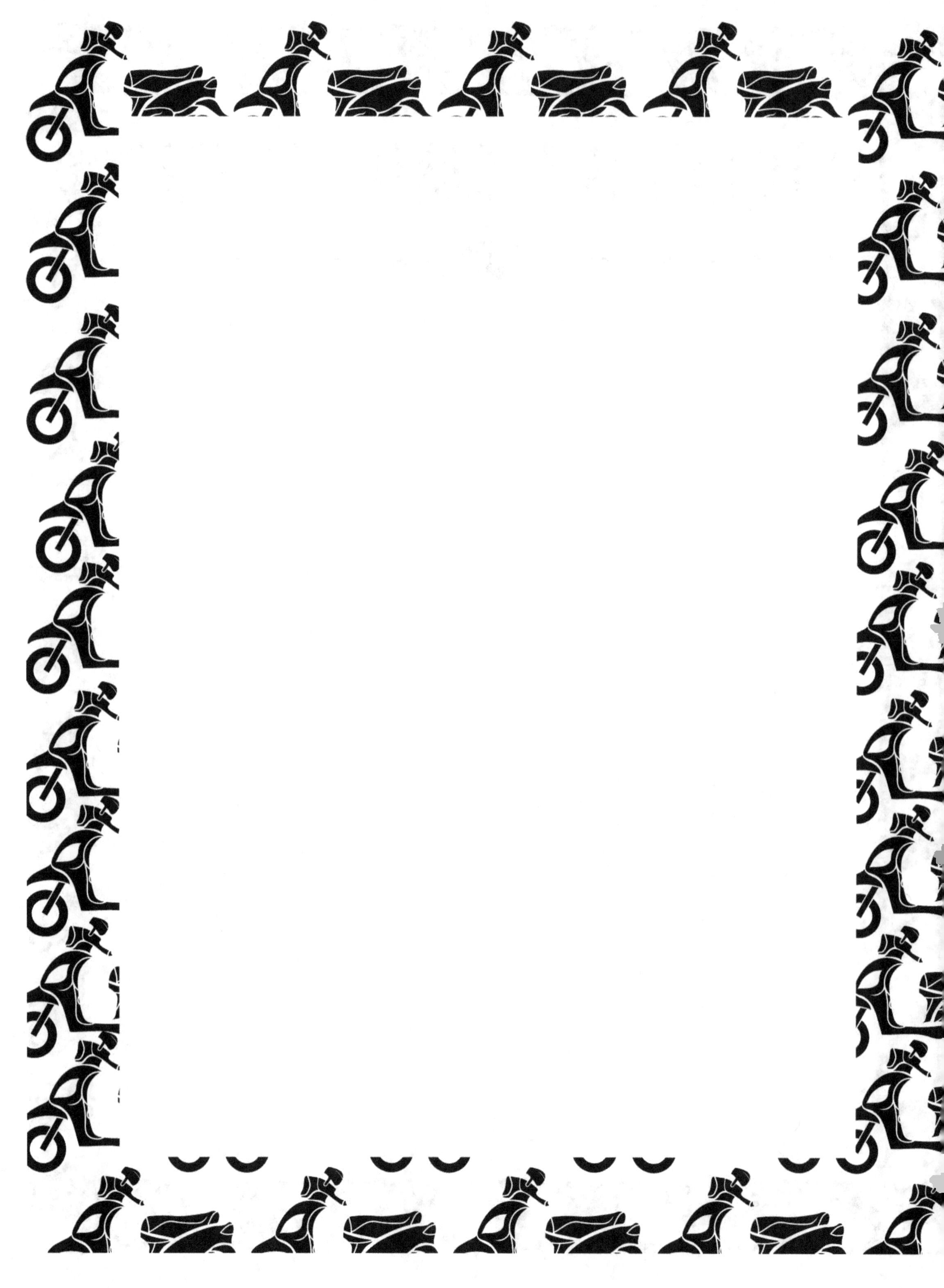

COULEUR & AMUSEMENT

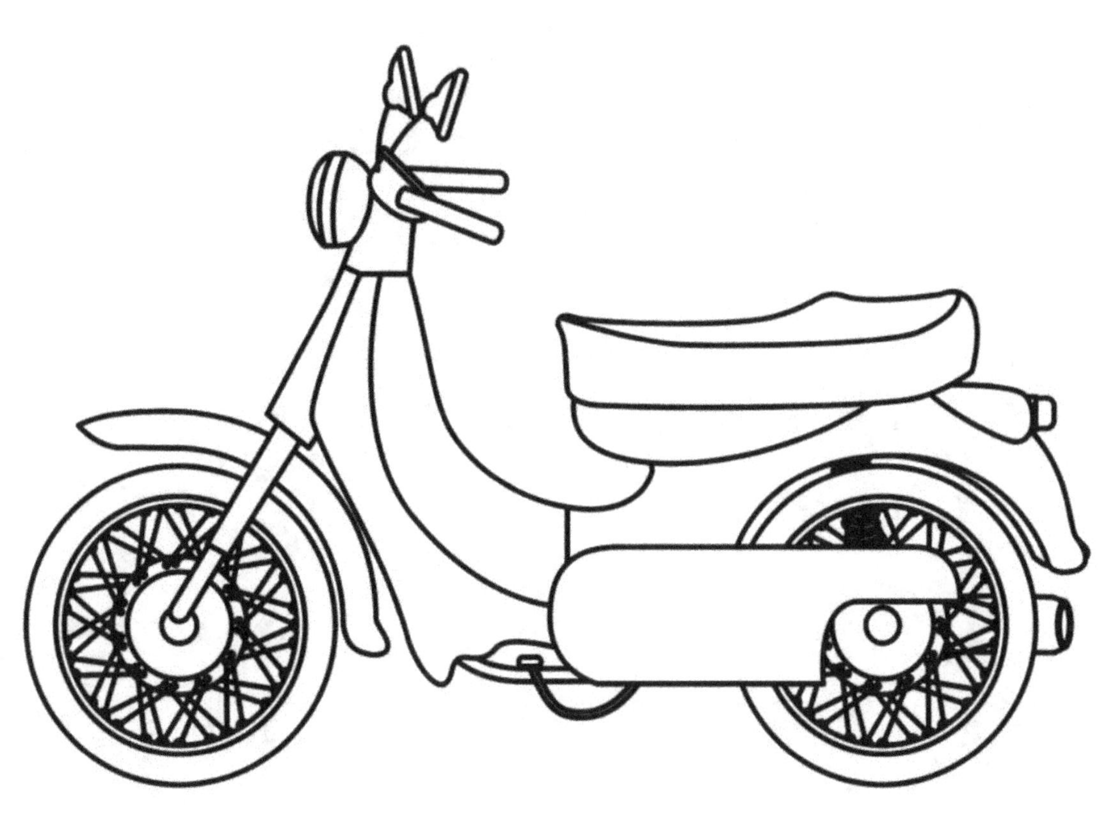

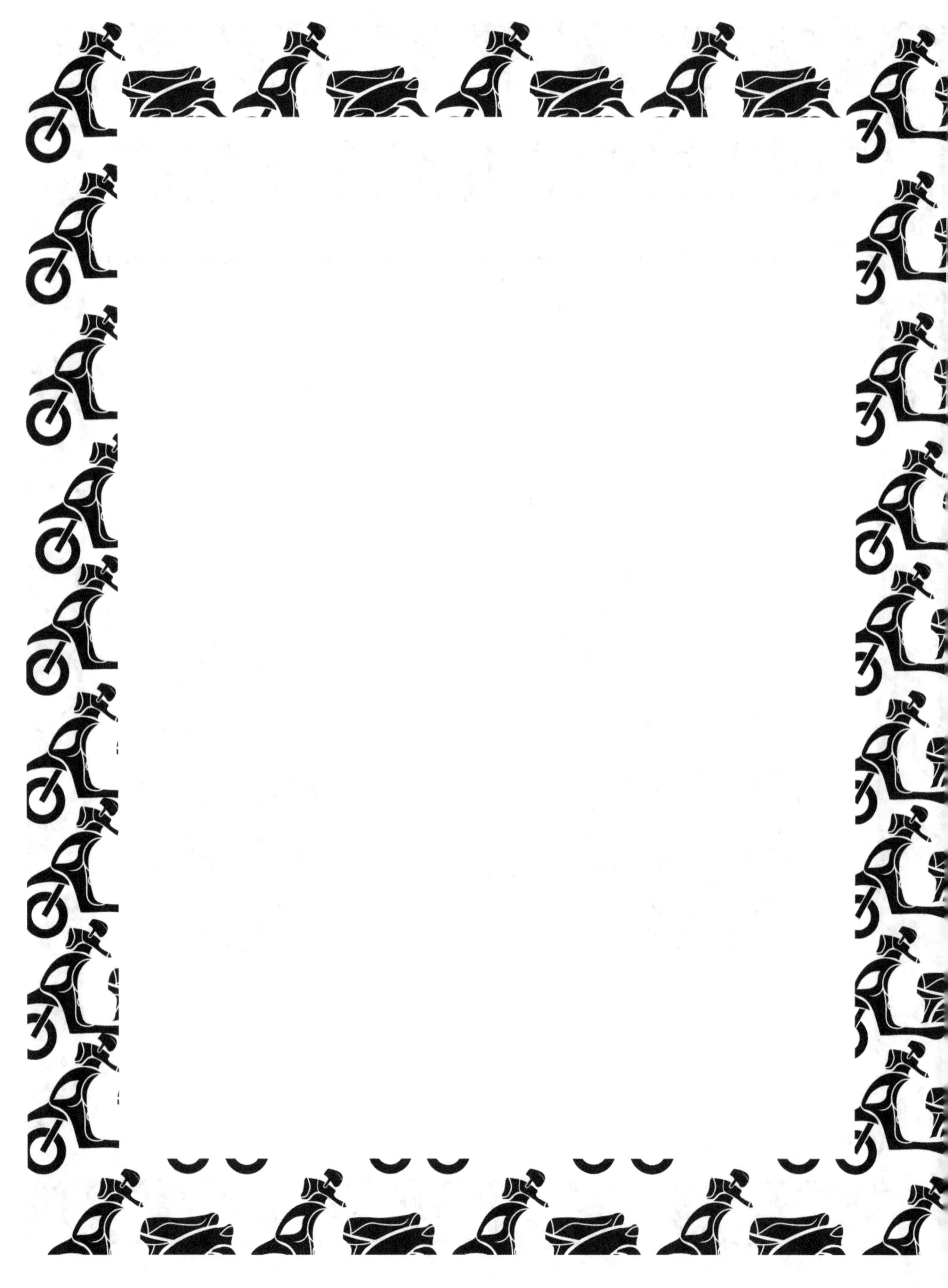

COULEUR & AMUSEMENT

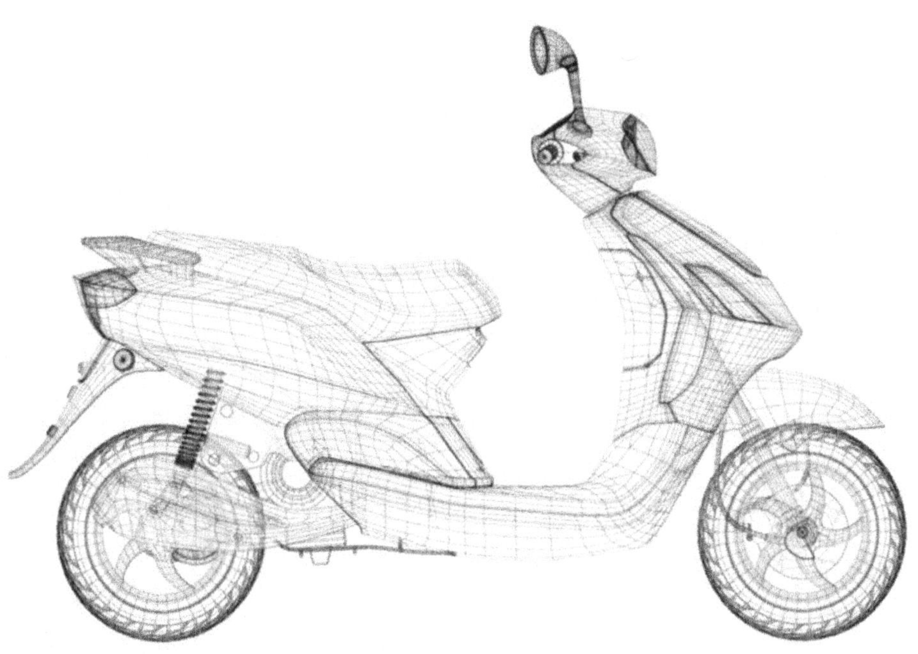

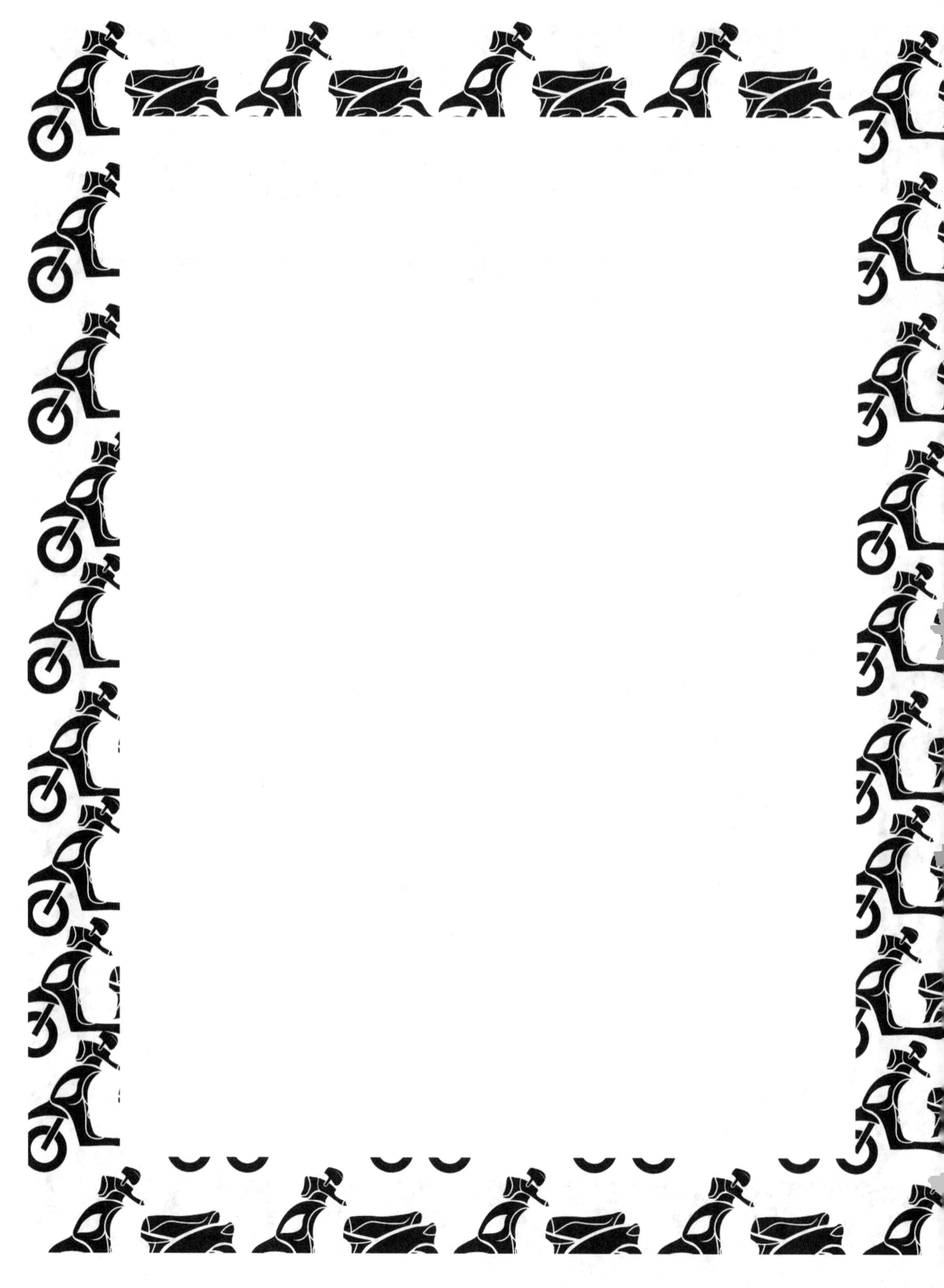

COULEUR & AMUSEMENT

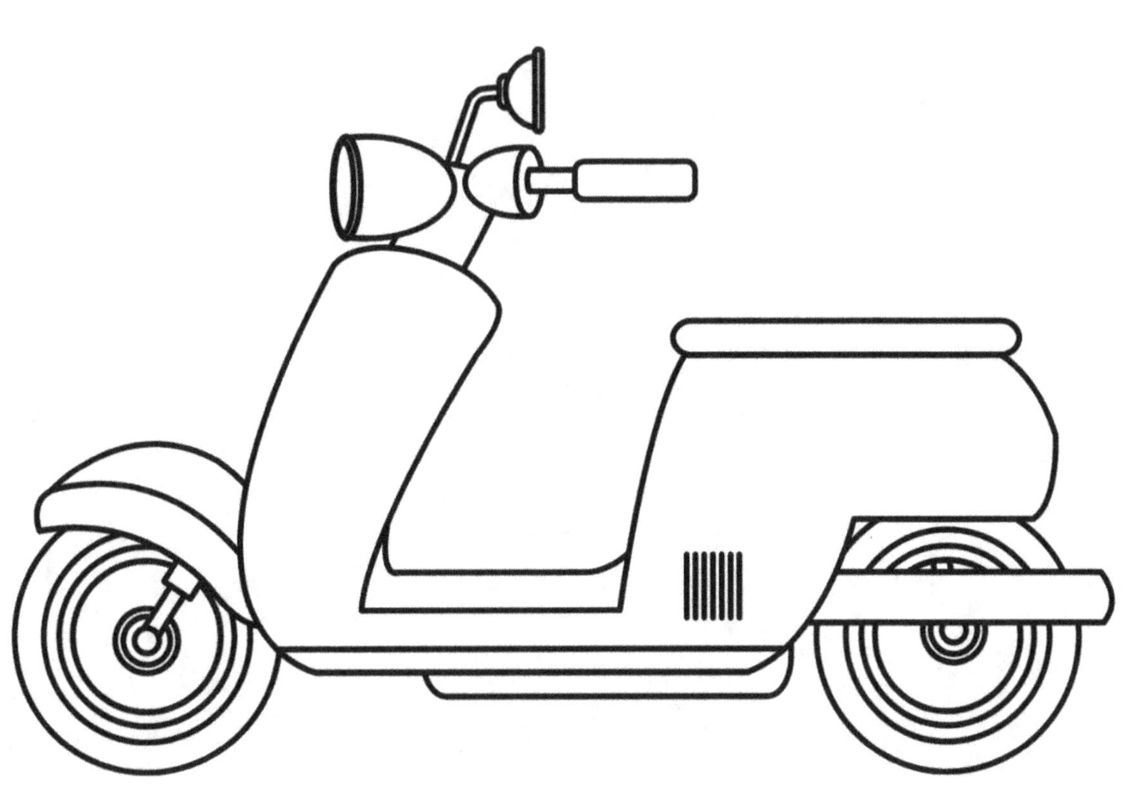

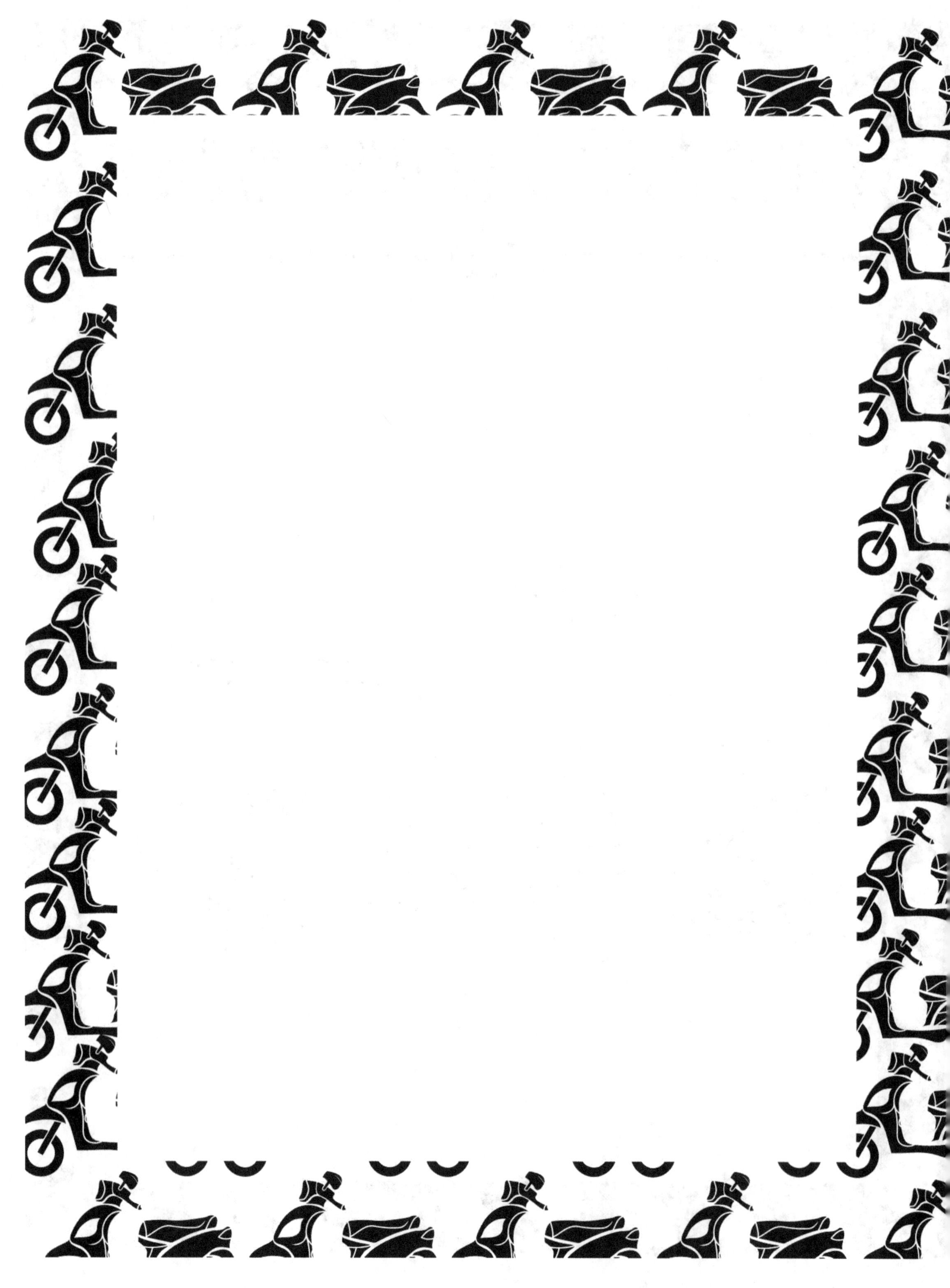

COULEUR & AMUSEMENT

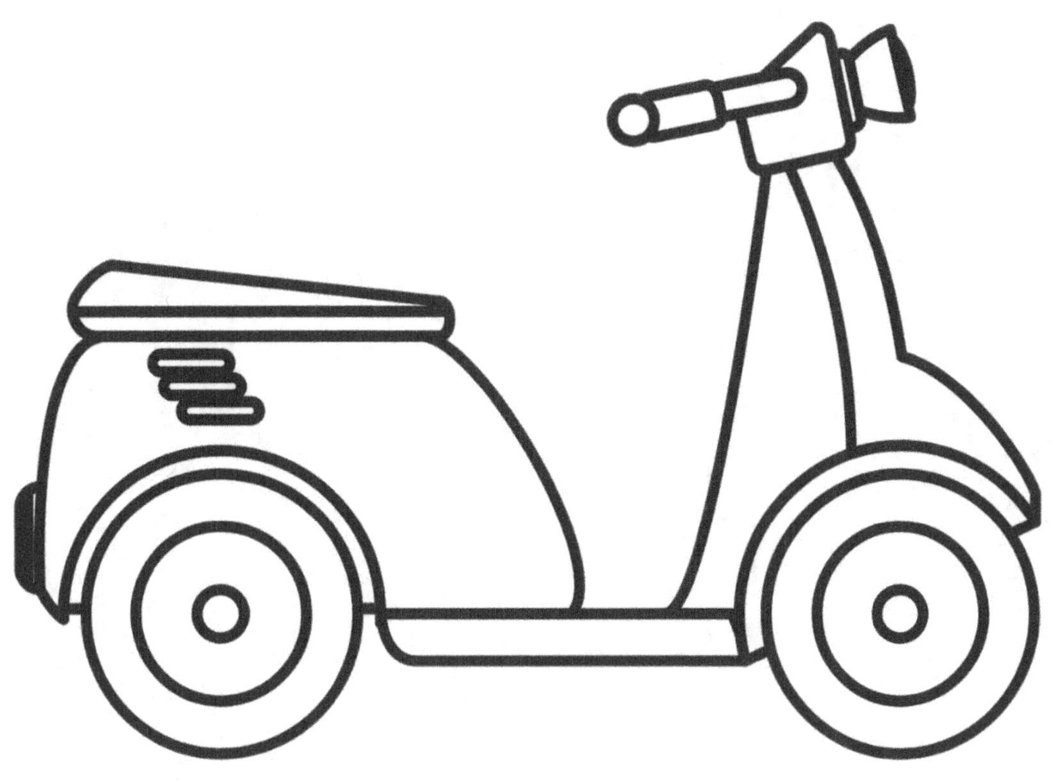

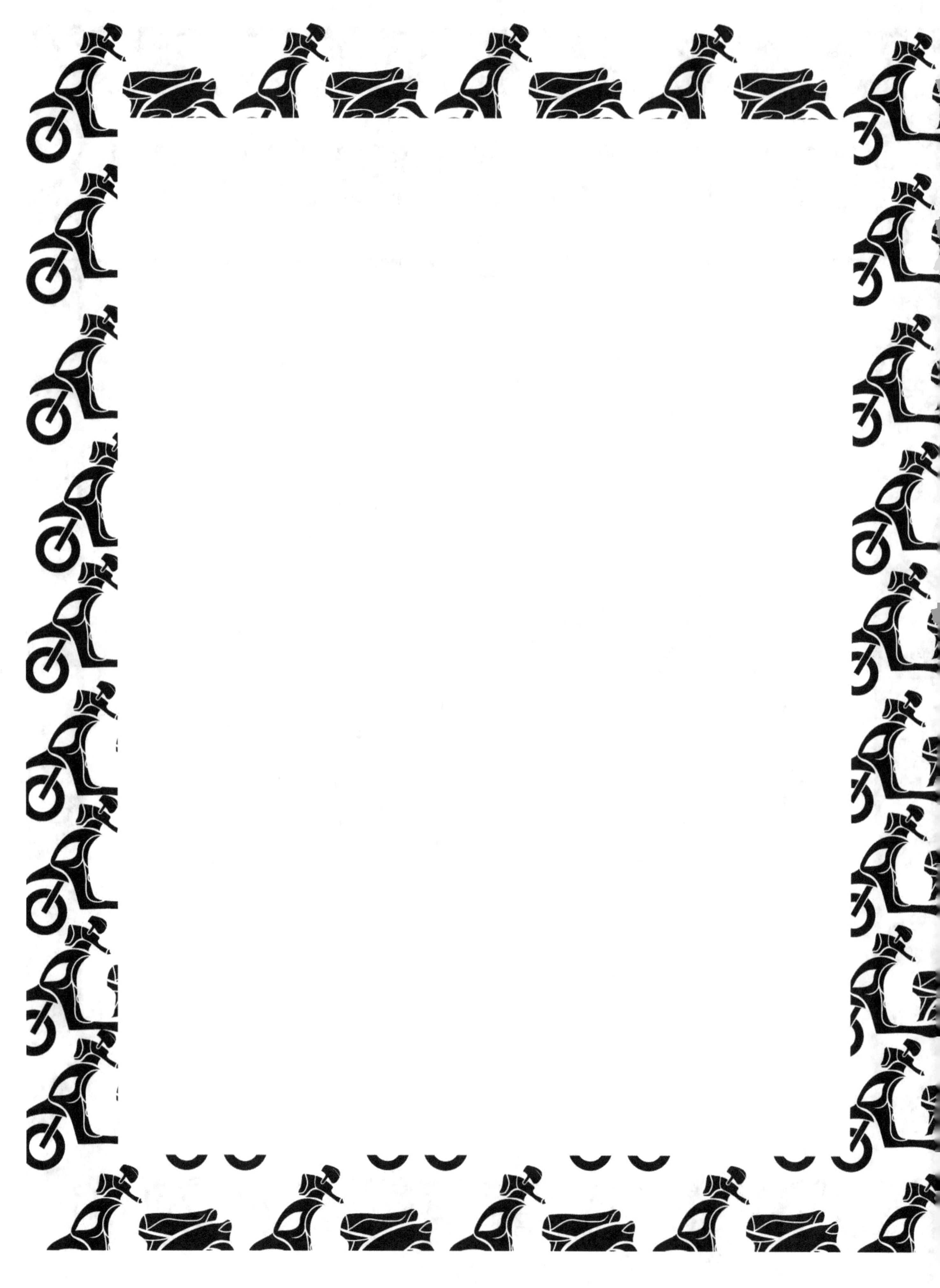

COULEUR & AMUSEMENT

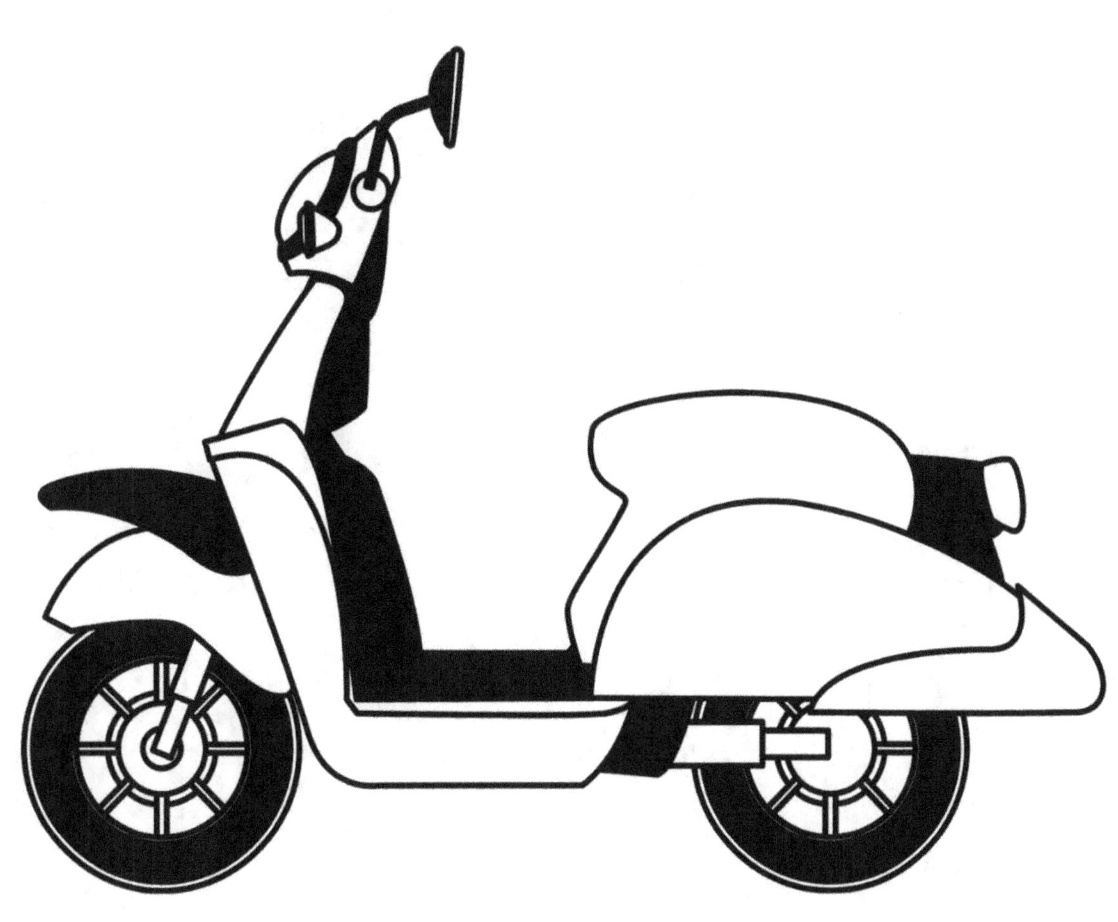

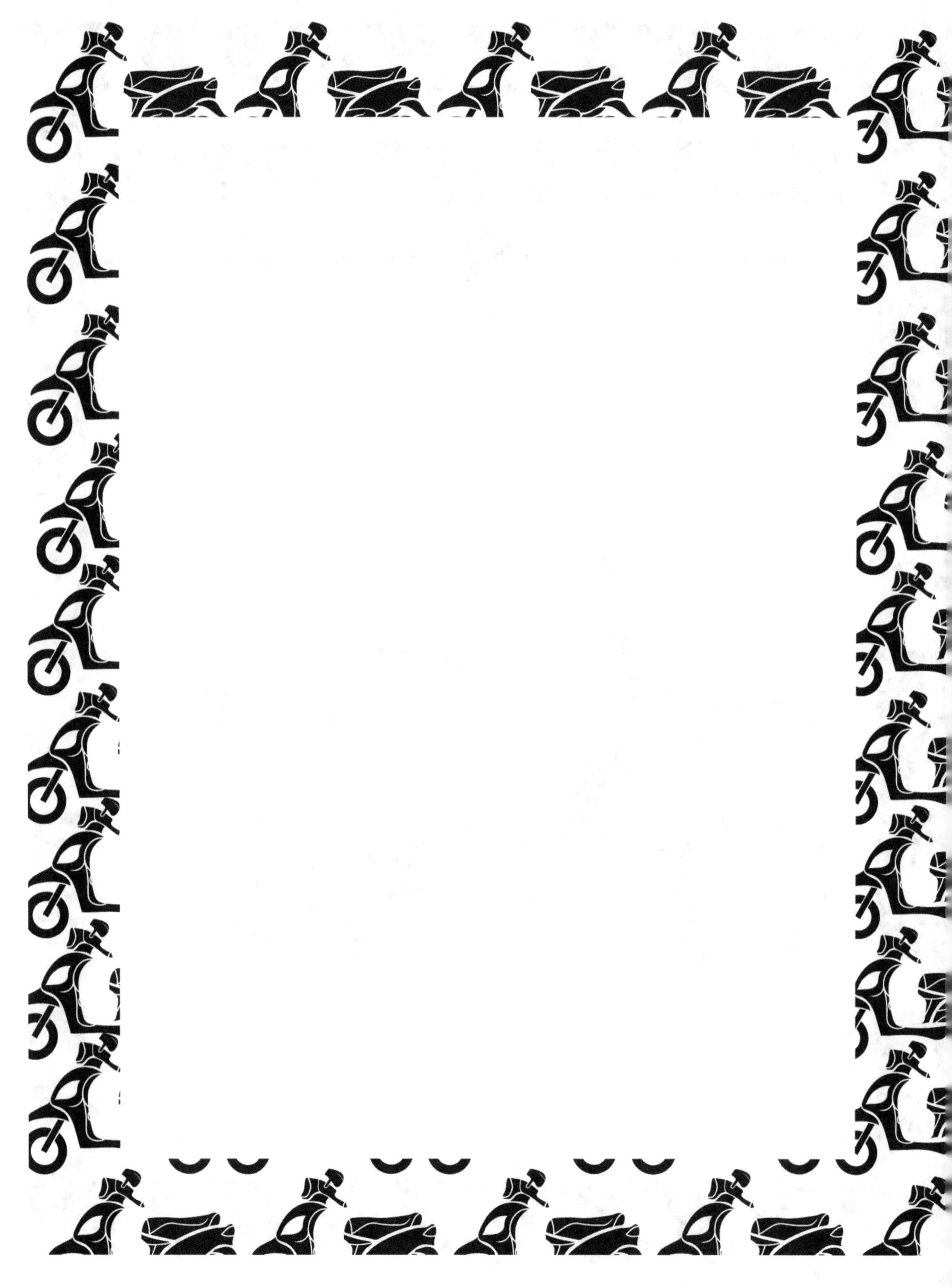

COULEUR & AMUSEMENT

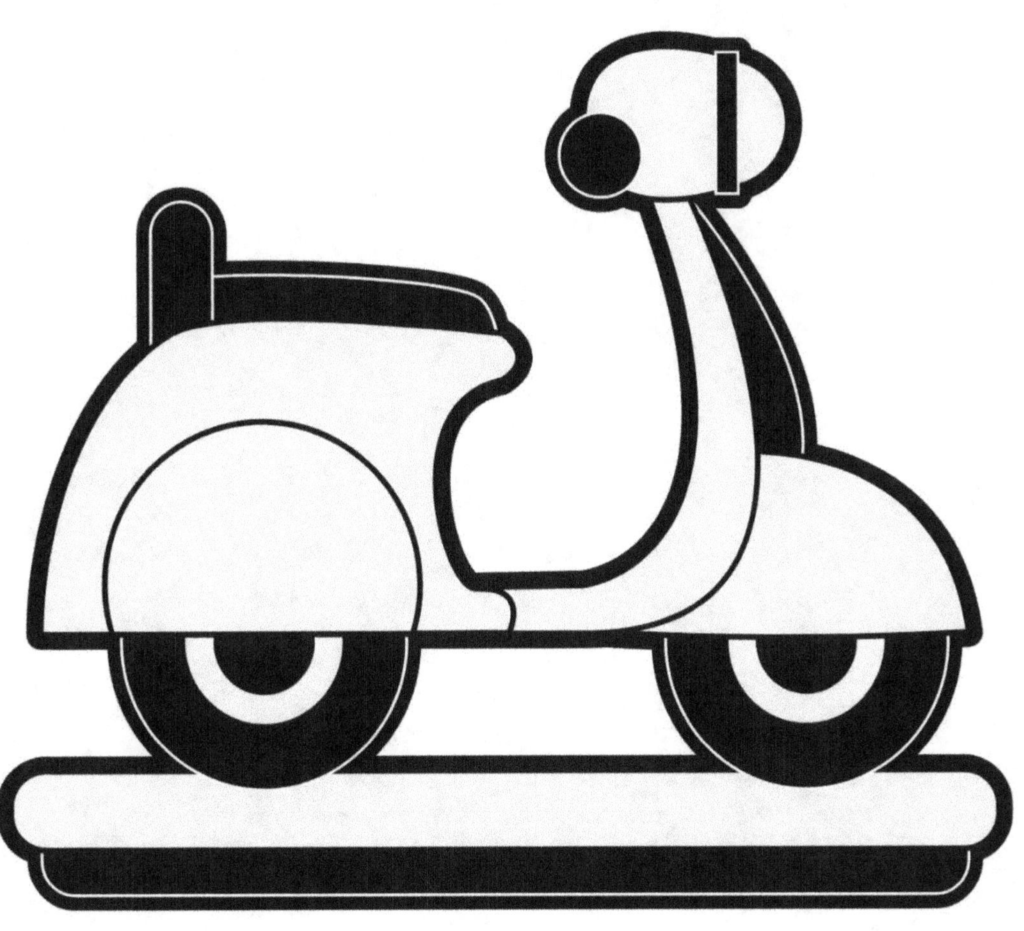

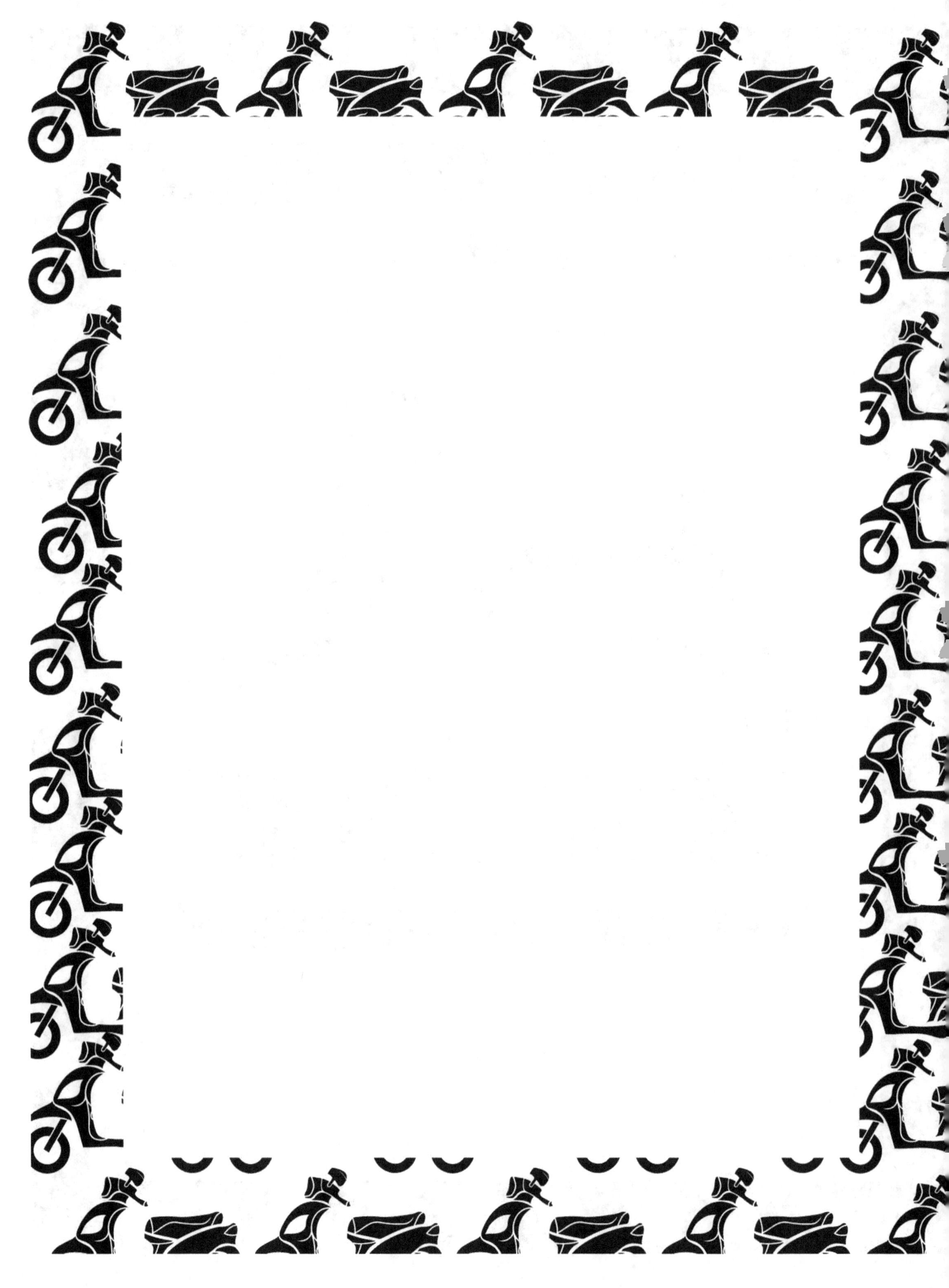

COULEUR & AMUSEMENT

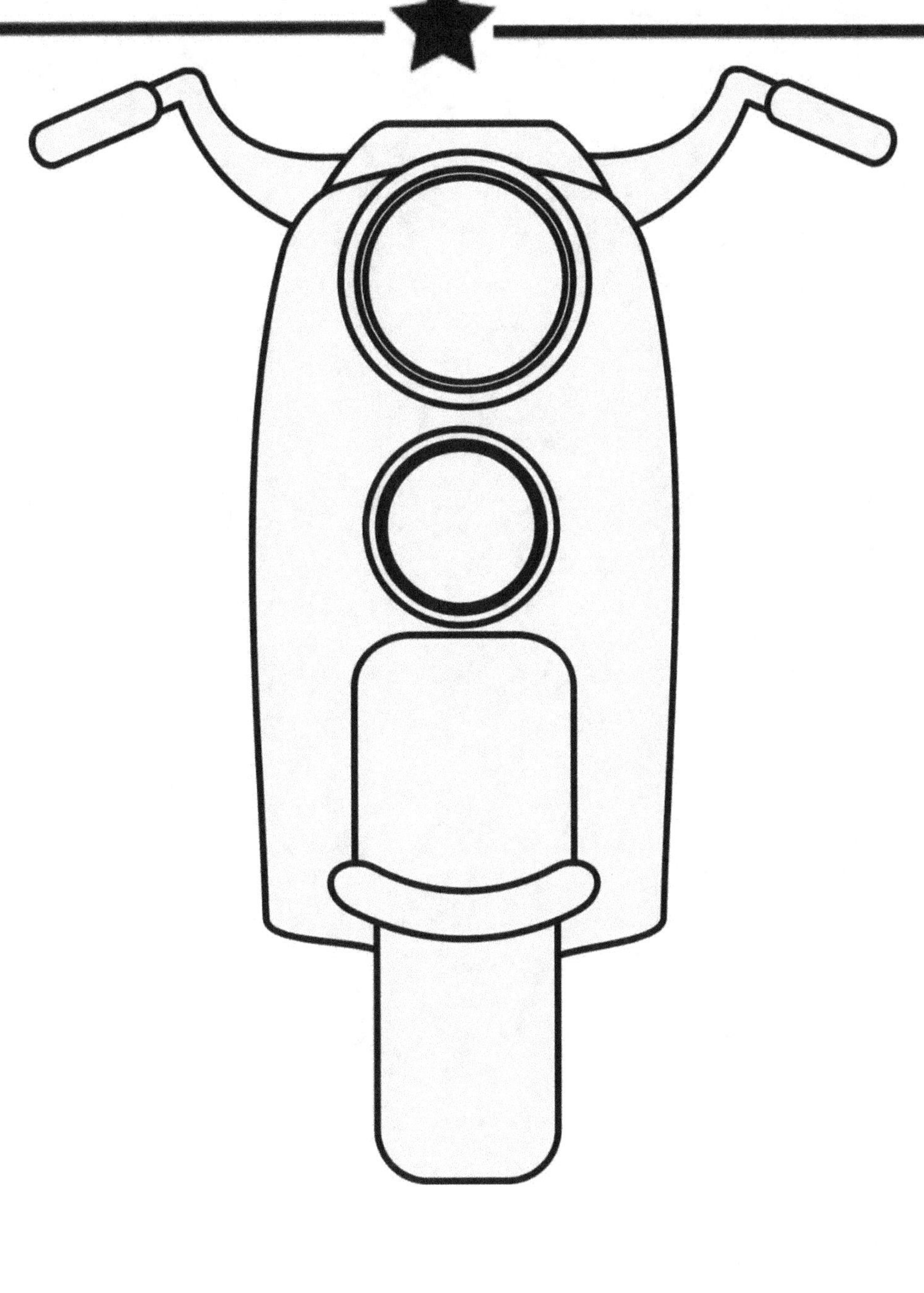

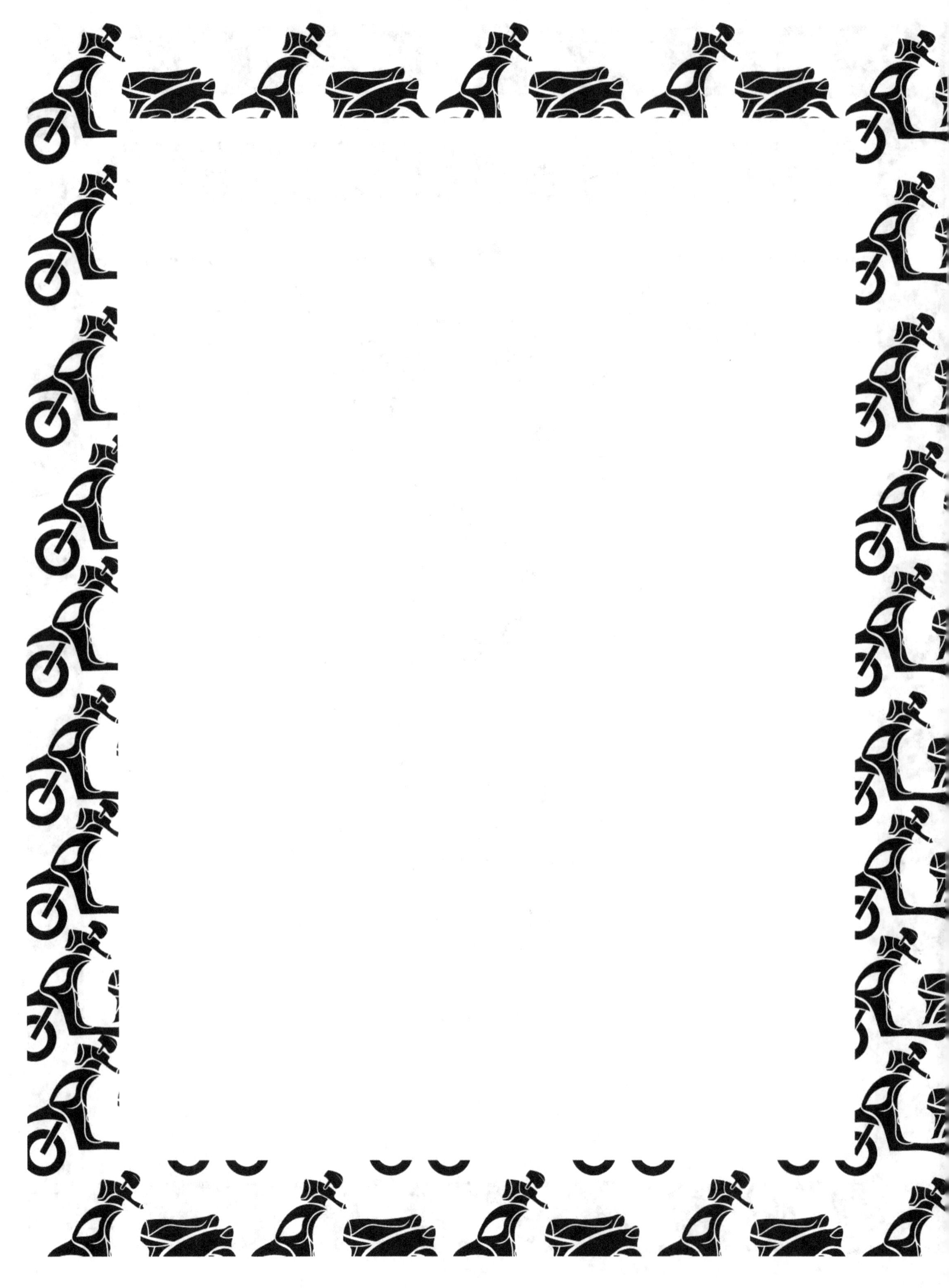

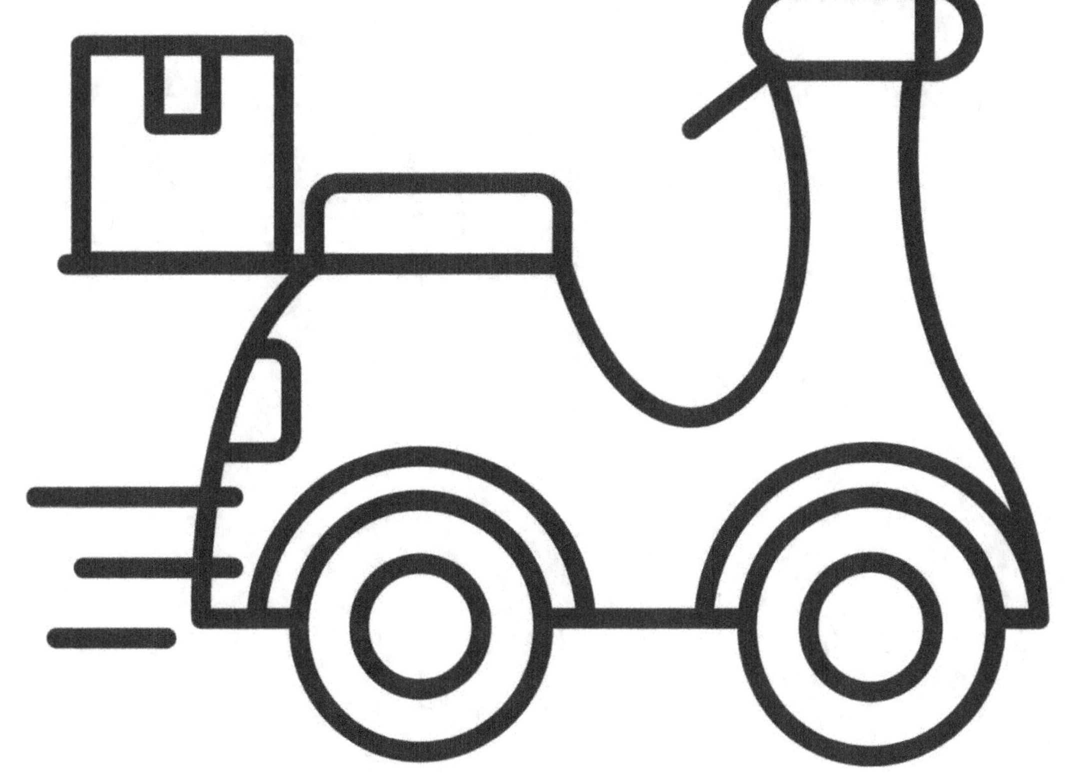

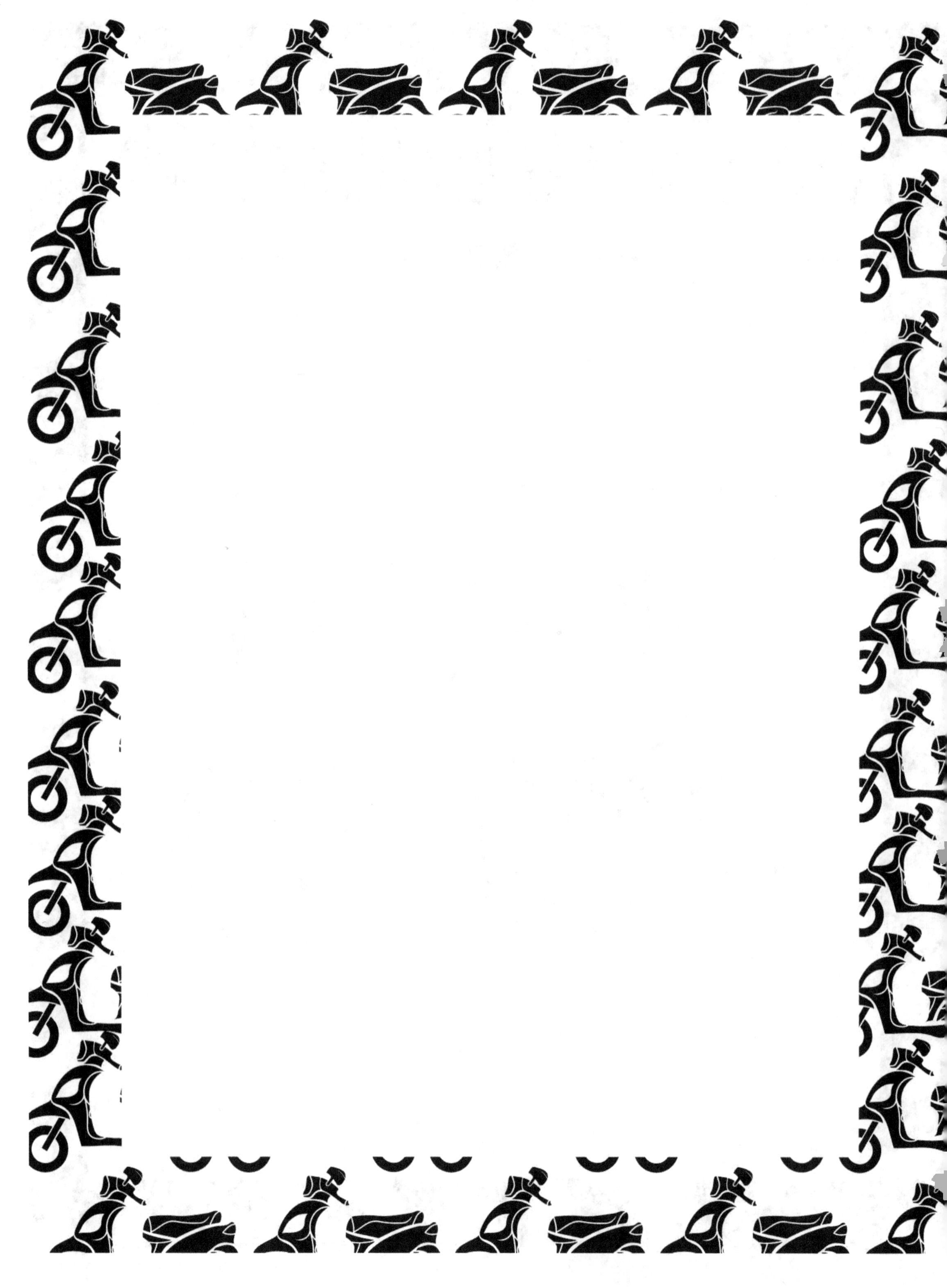

COULEUR & AMUSEMENT

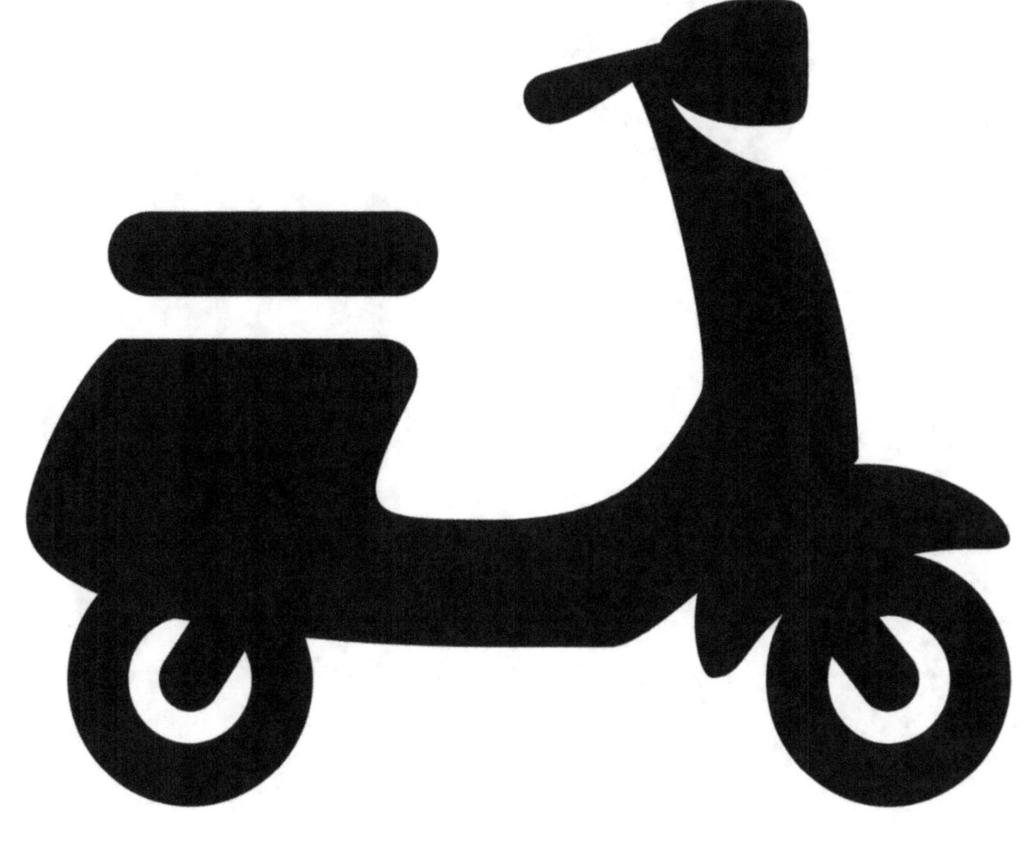

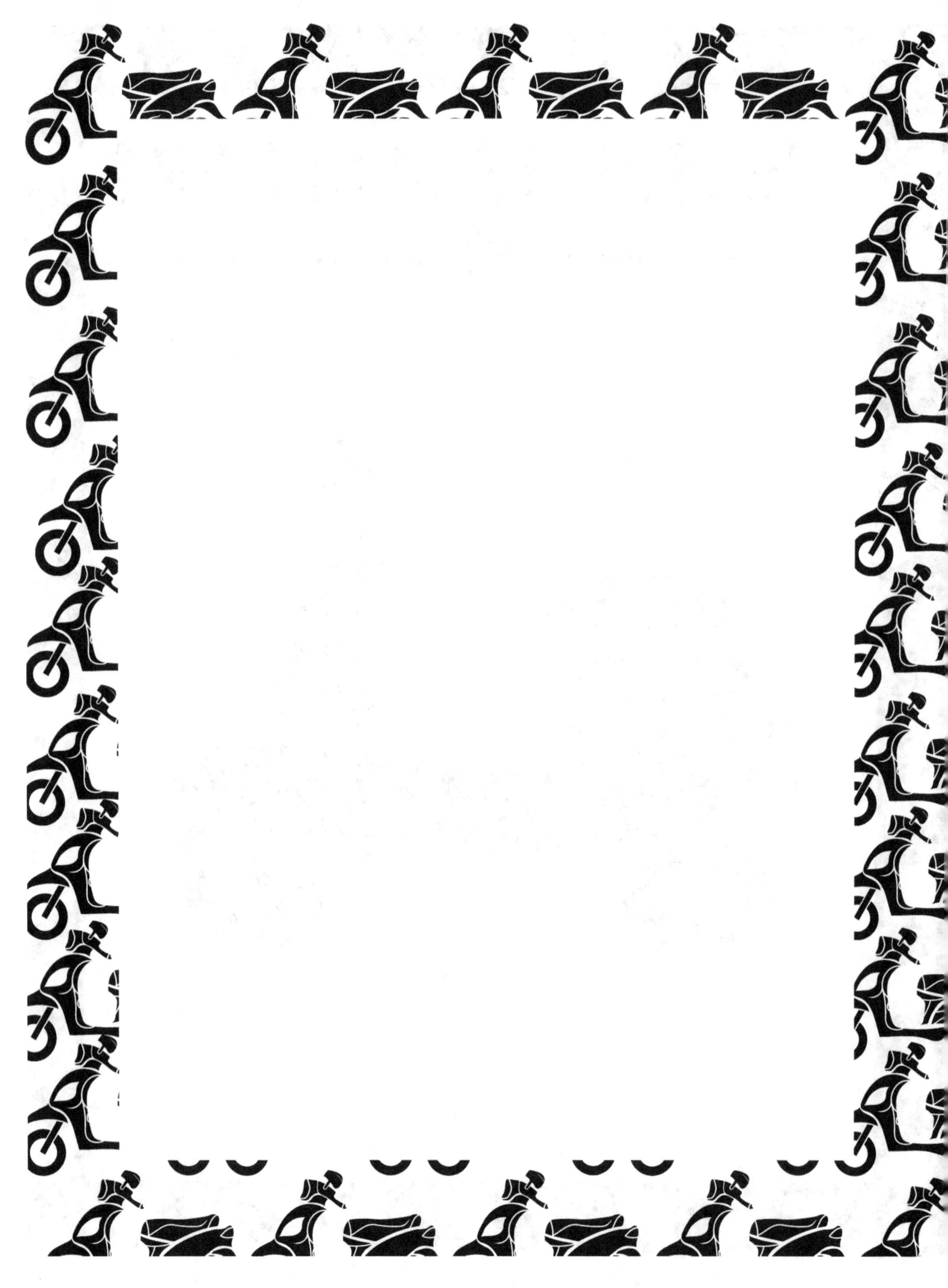

COULEUR & AMUSEMENT

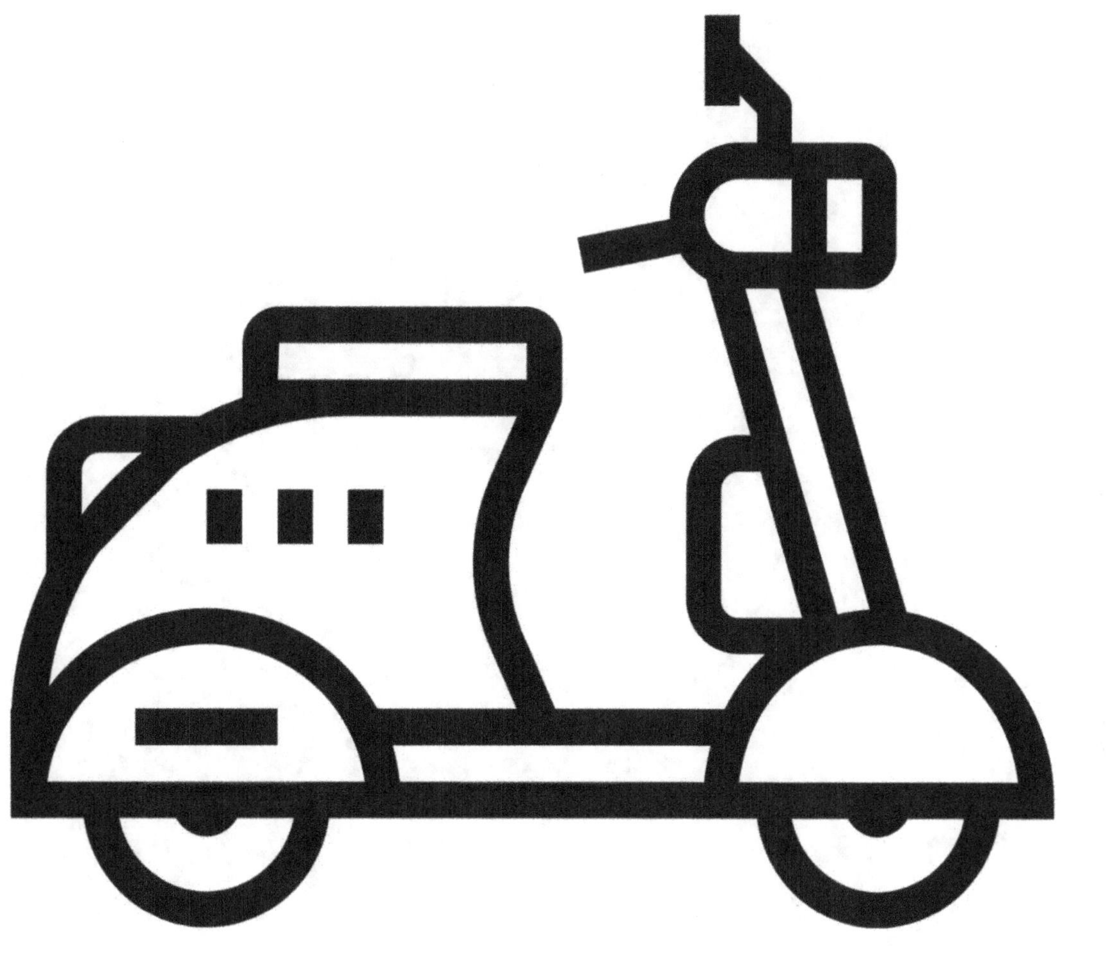

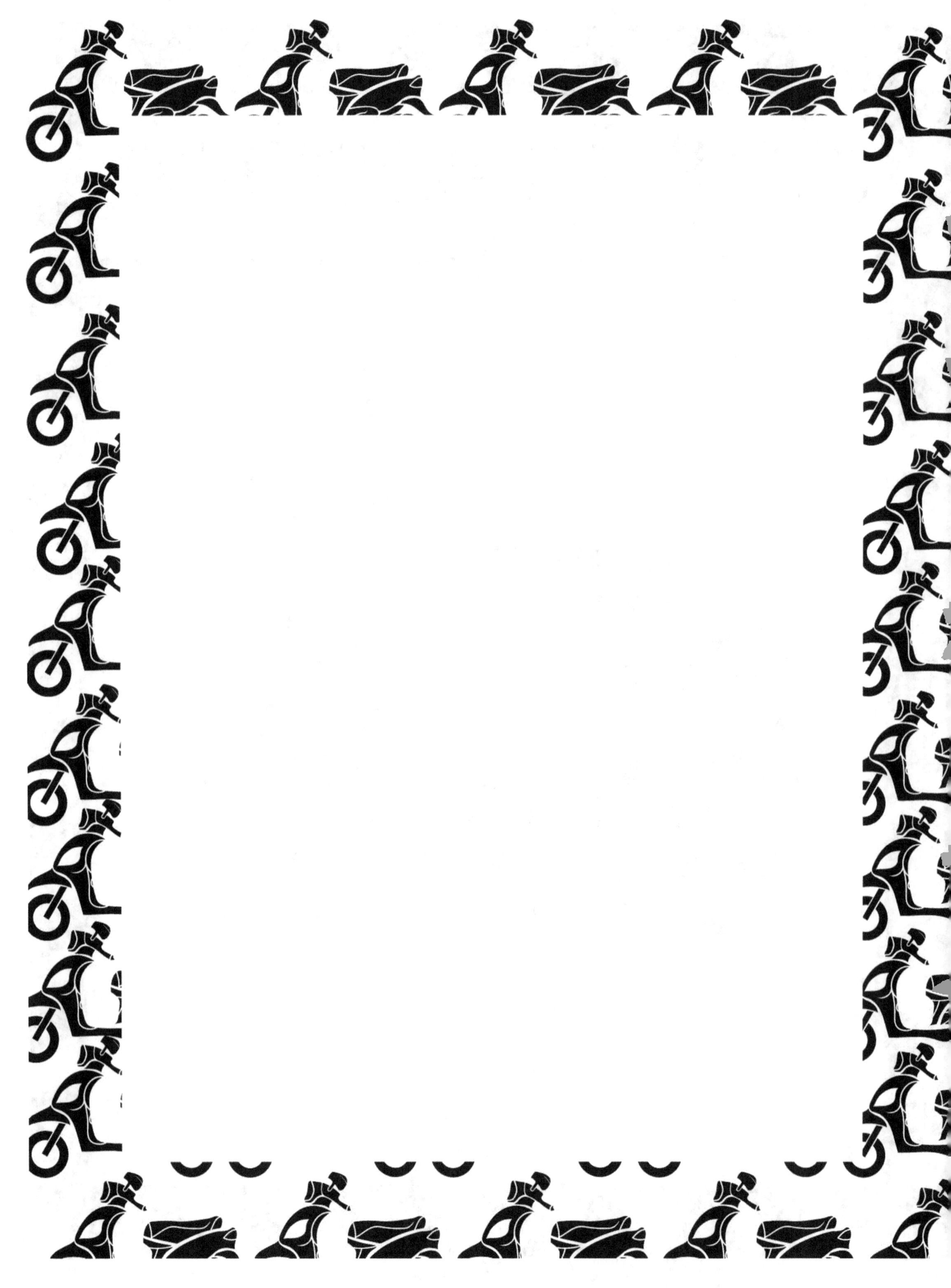

COULEUR & AMUSEMENT

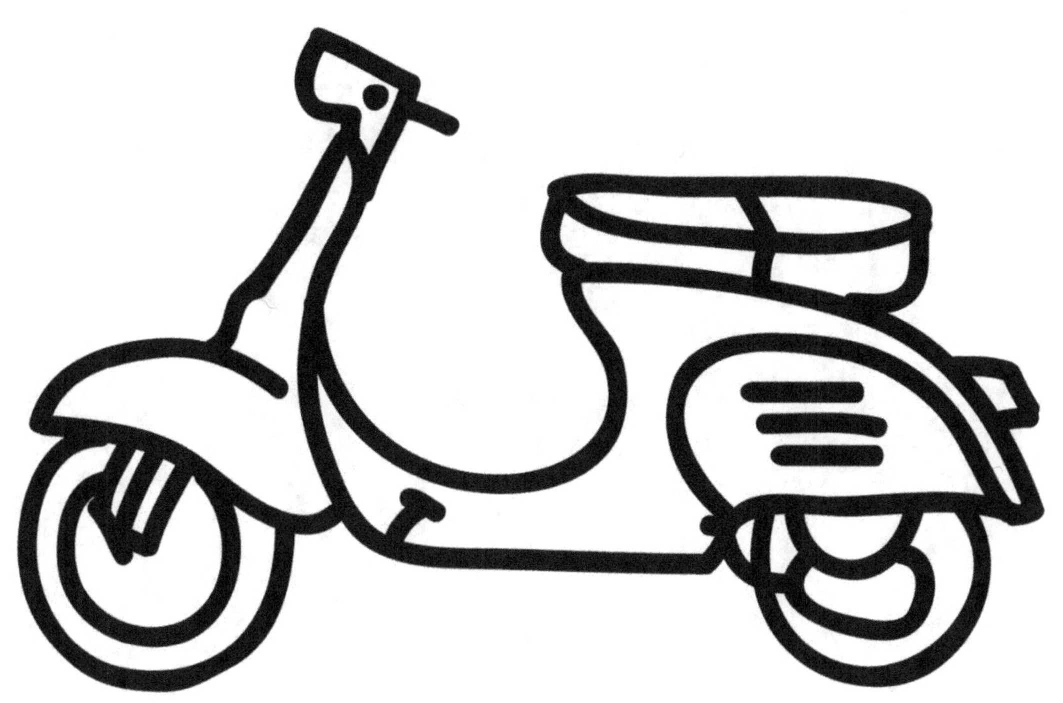

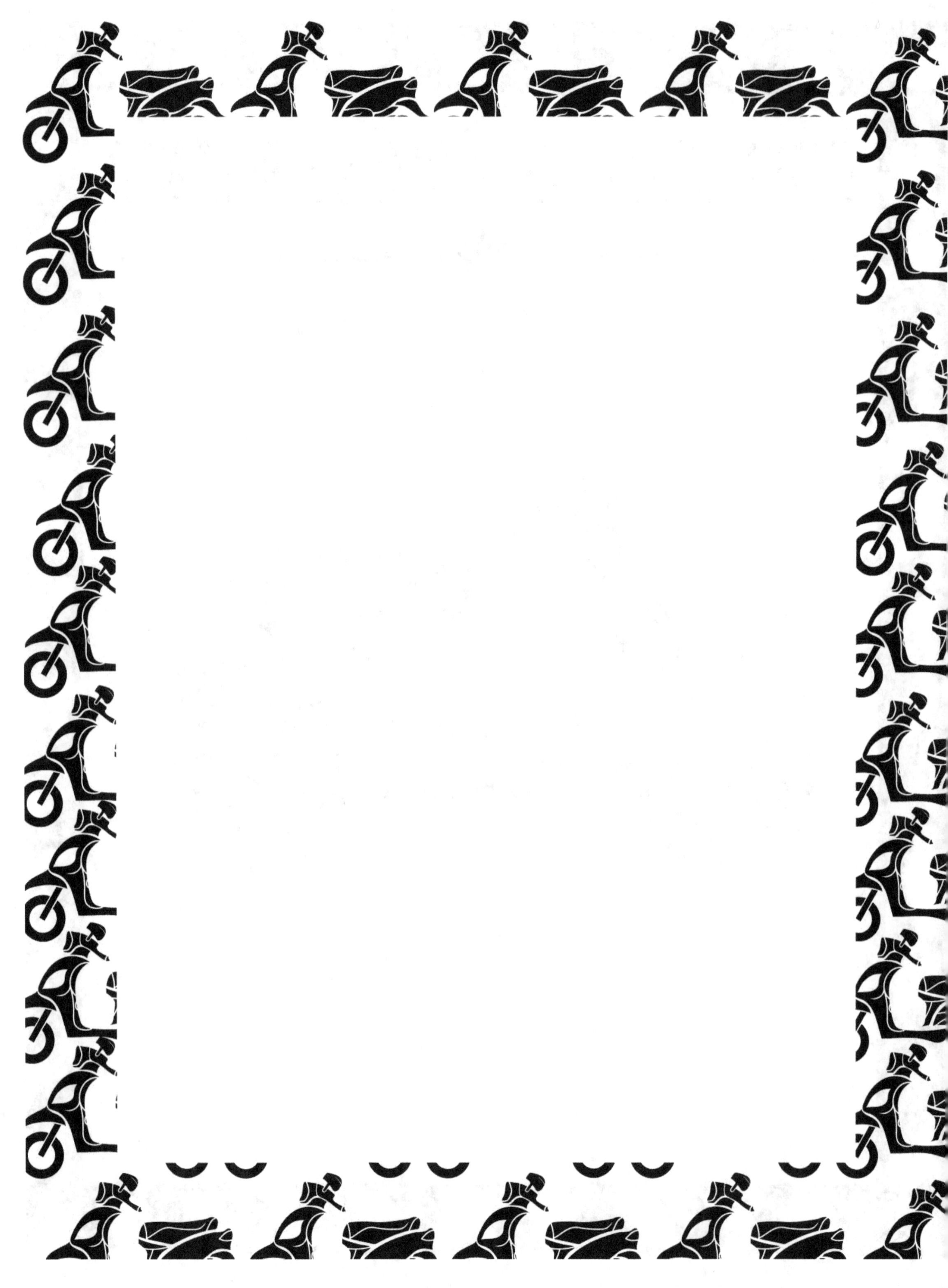

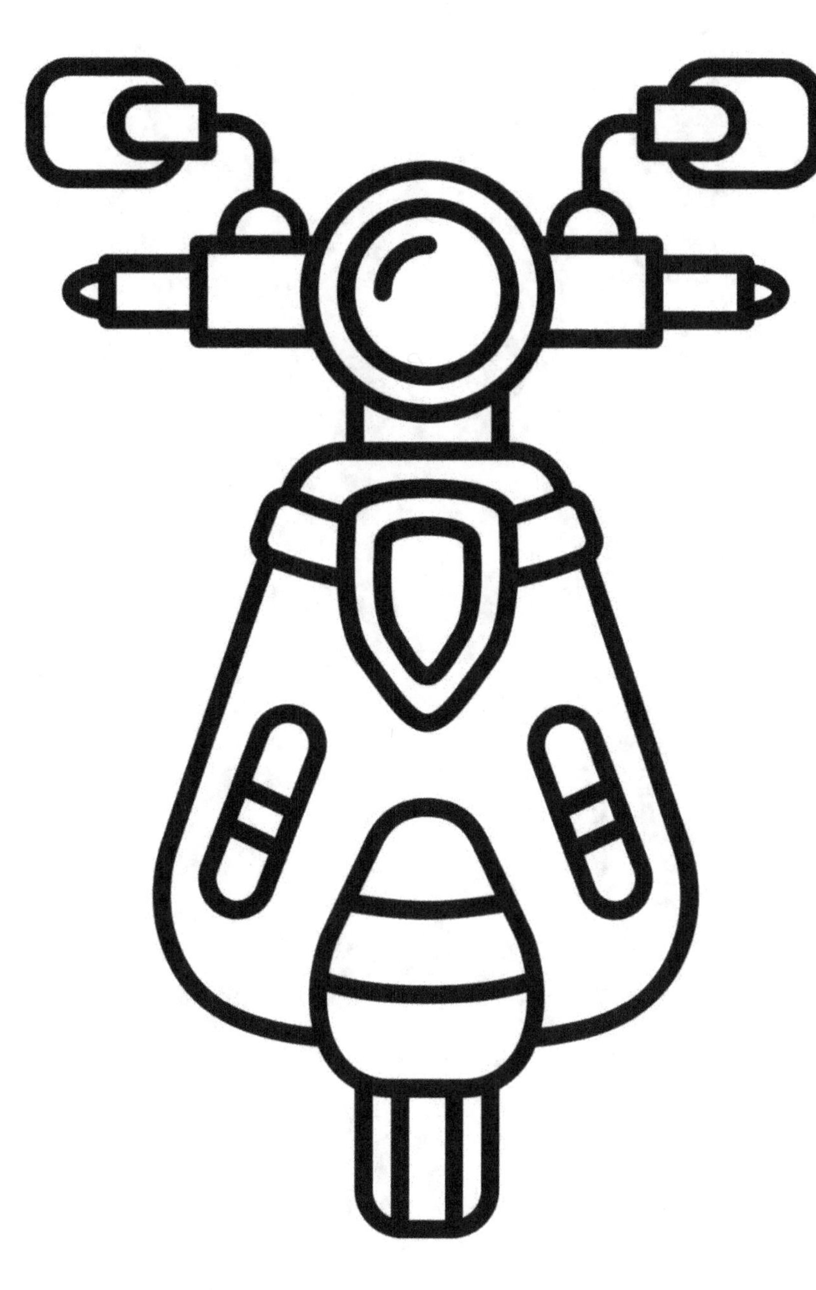

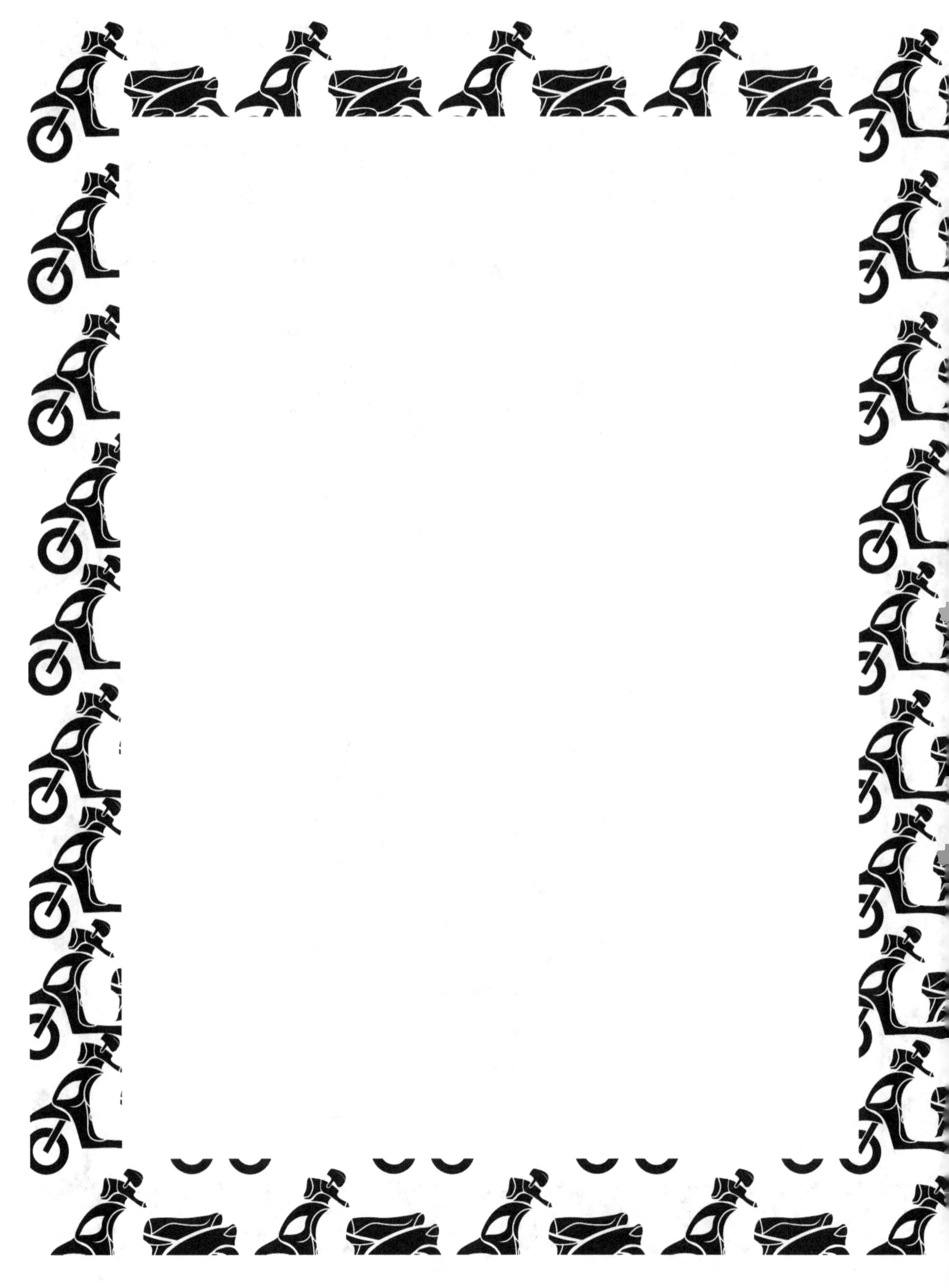

COULEUR & AMUSEMENT

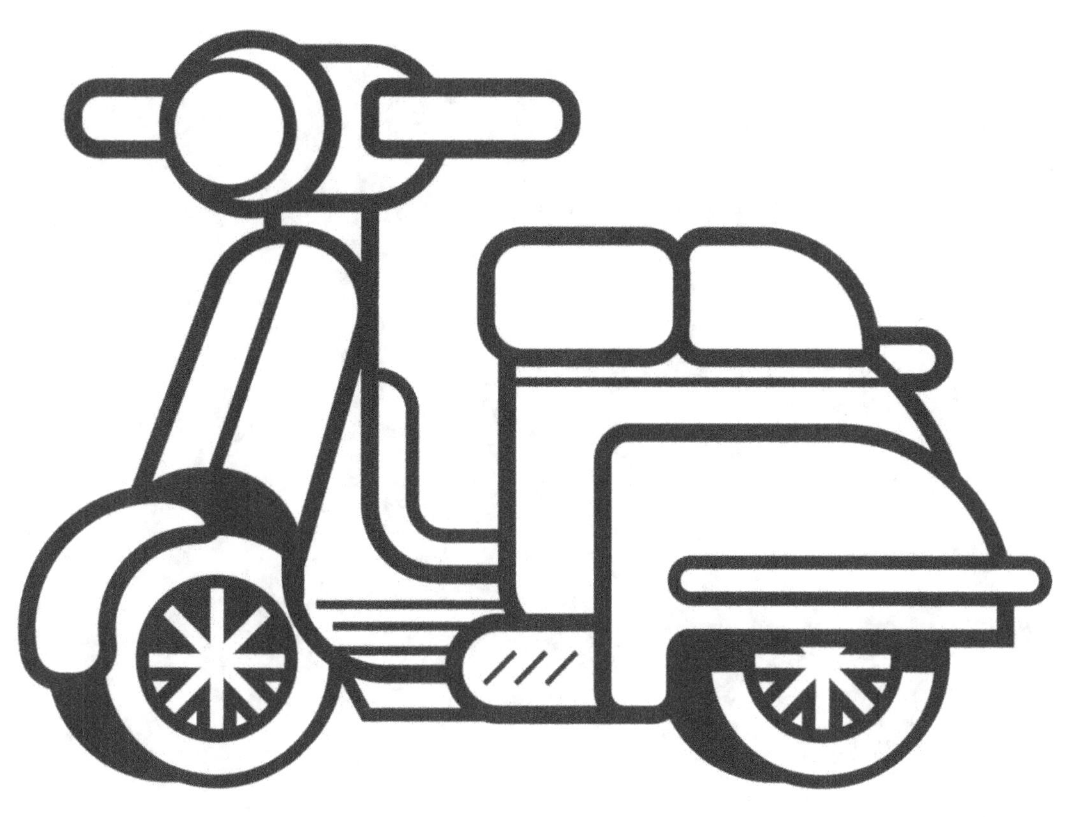

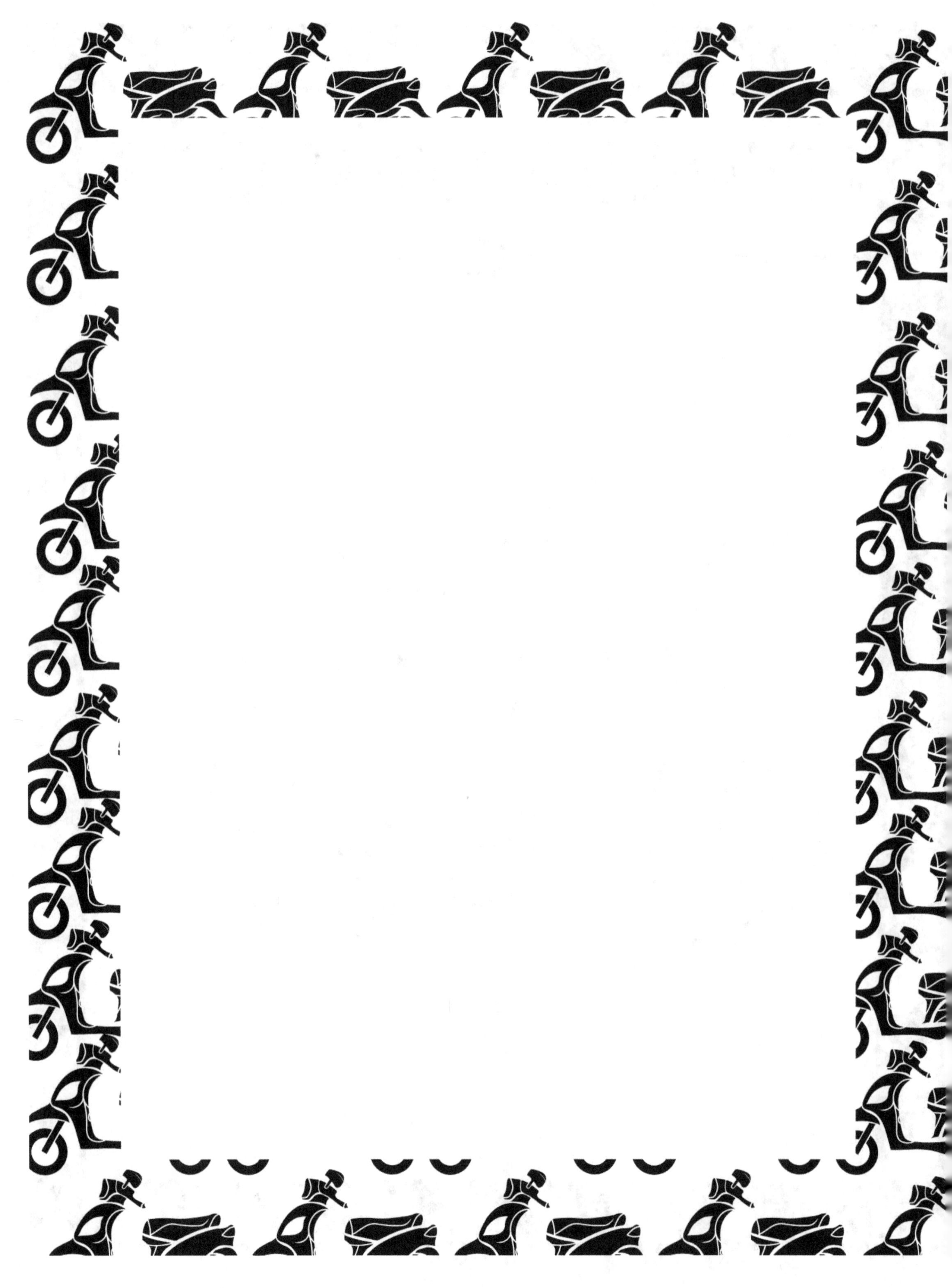

COULEUR & AMUSEMENT

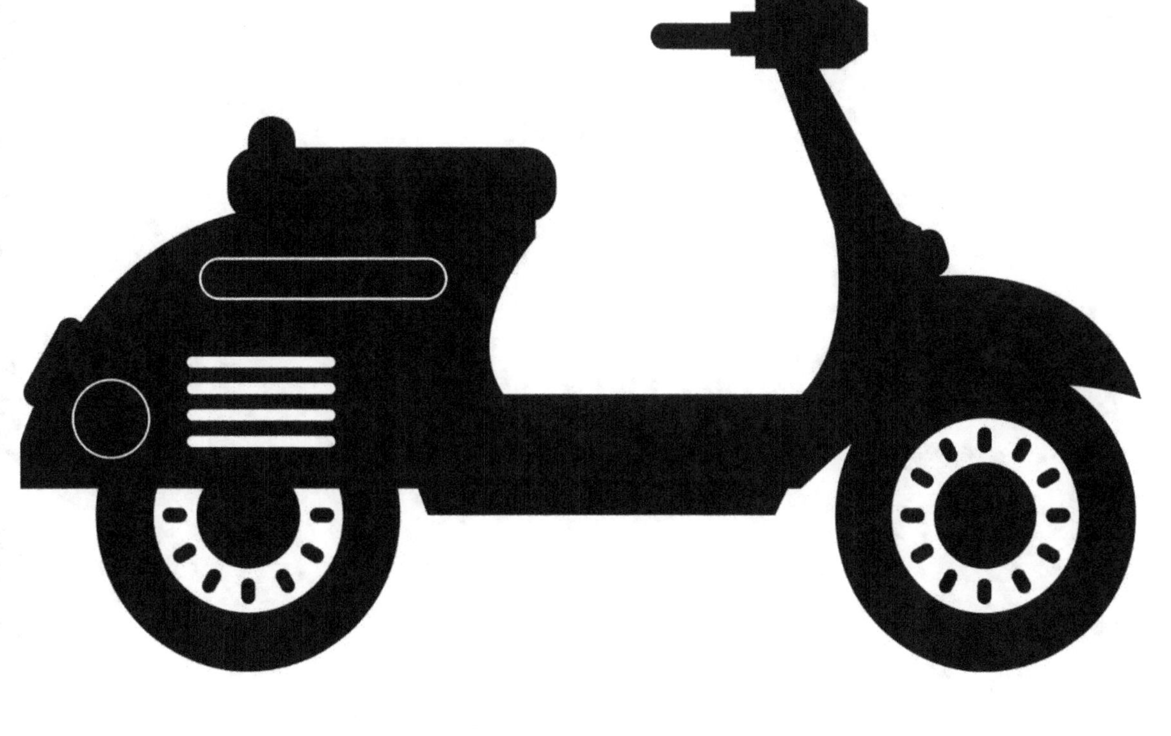

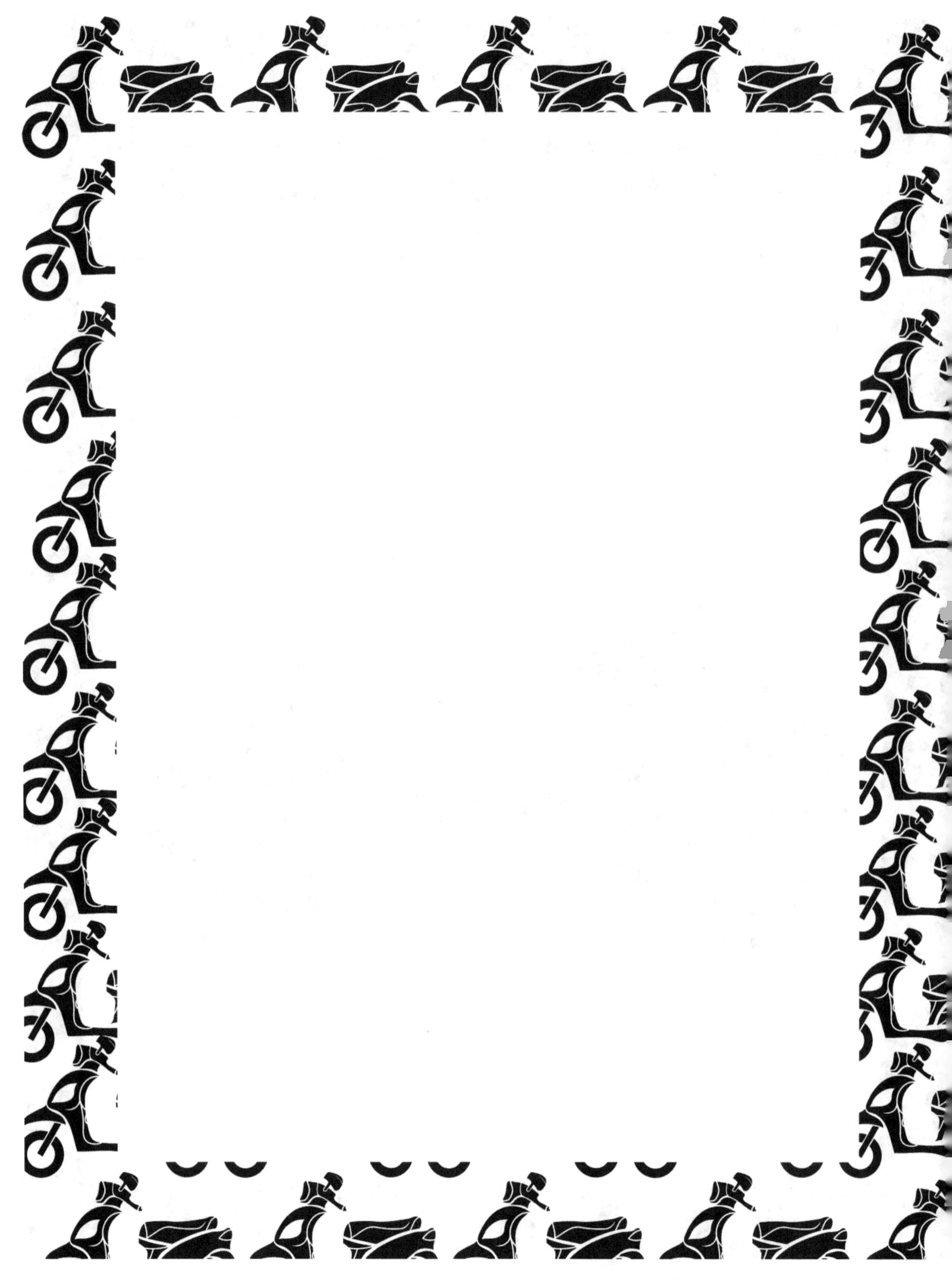

COULEUR & AMUSEMENT

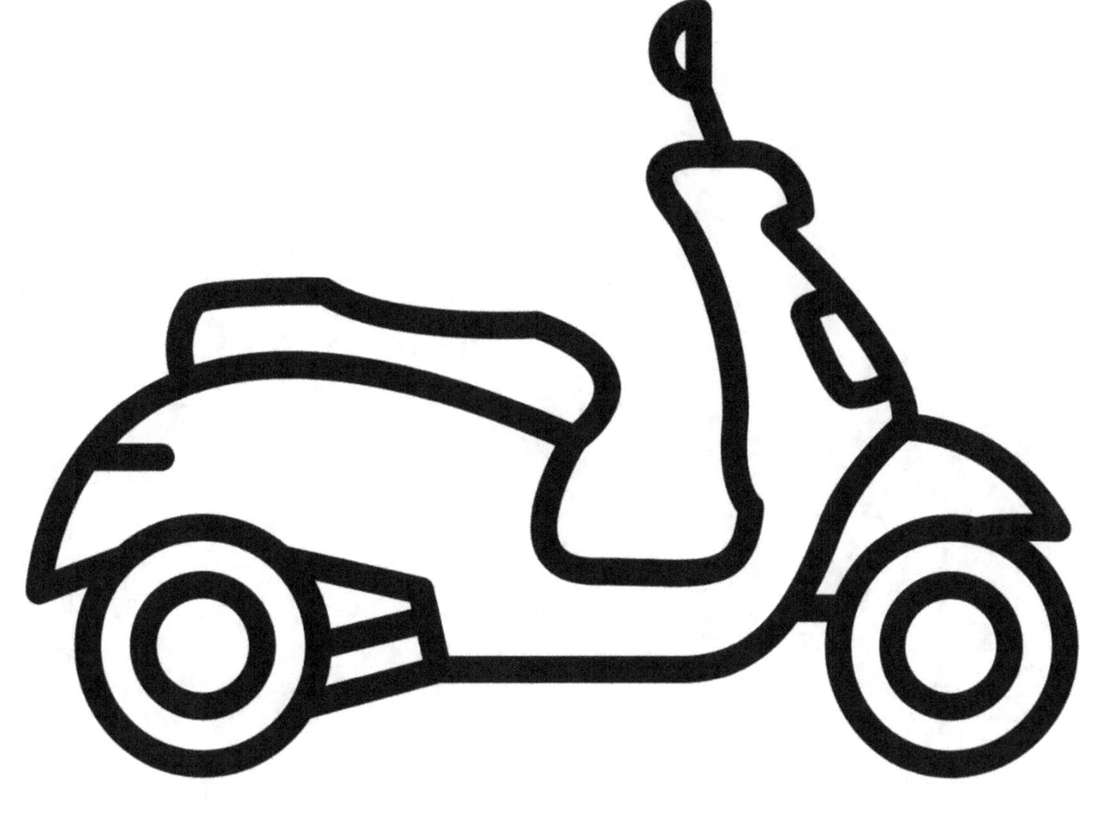

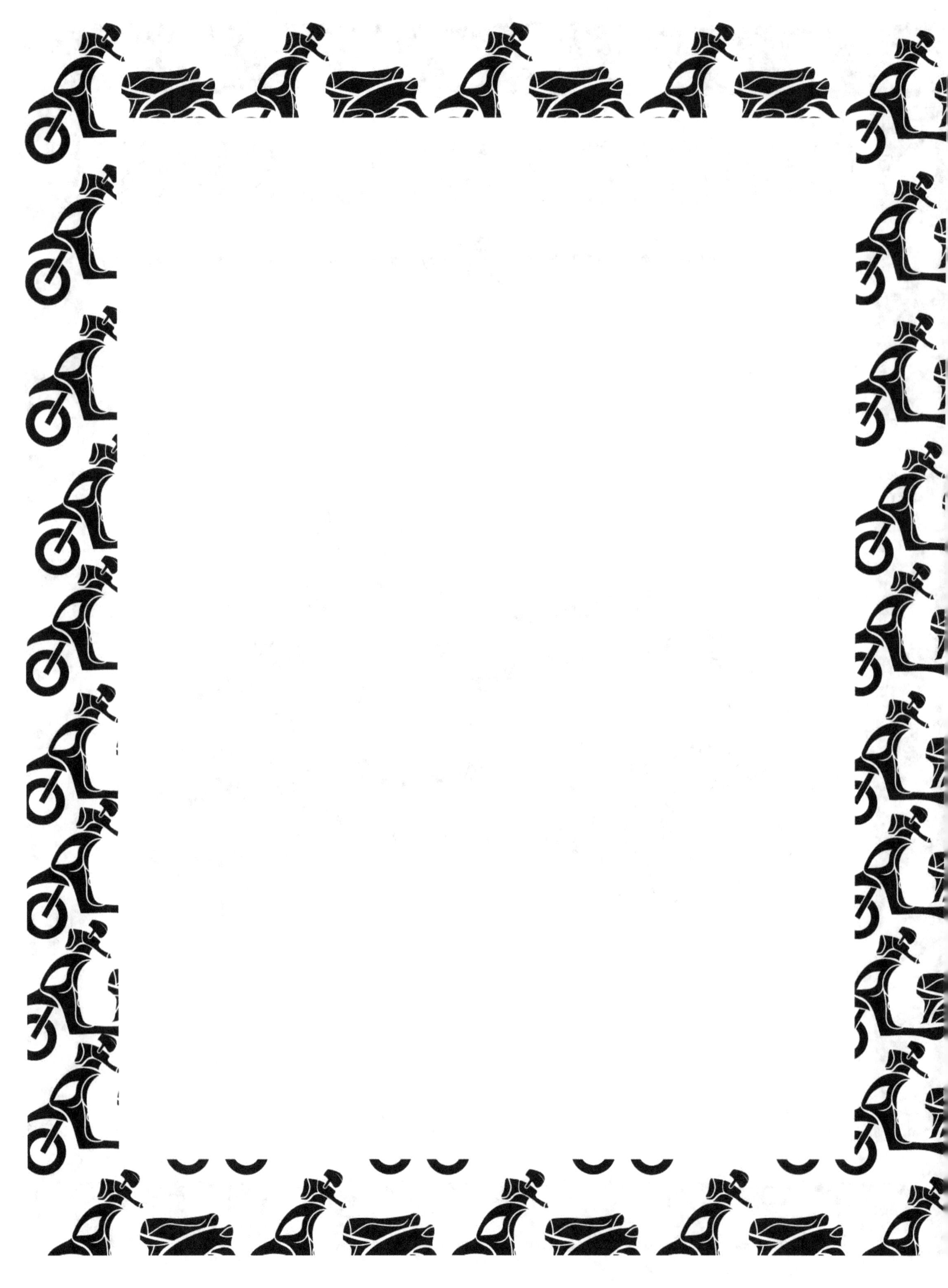

COULEUR & AMUSEMENT

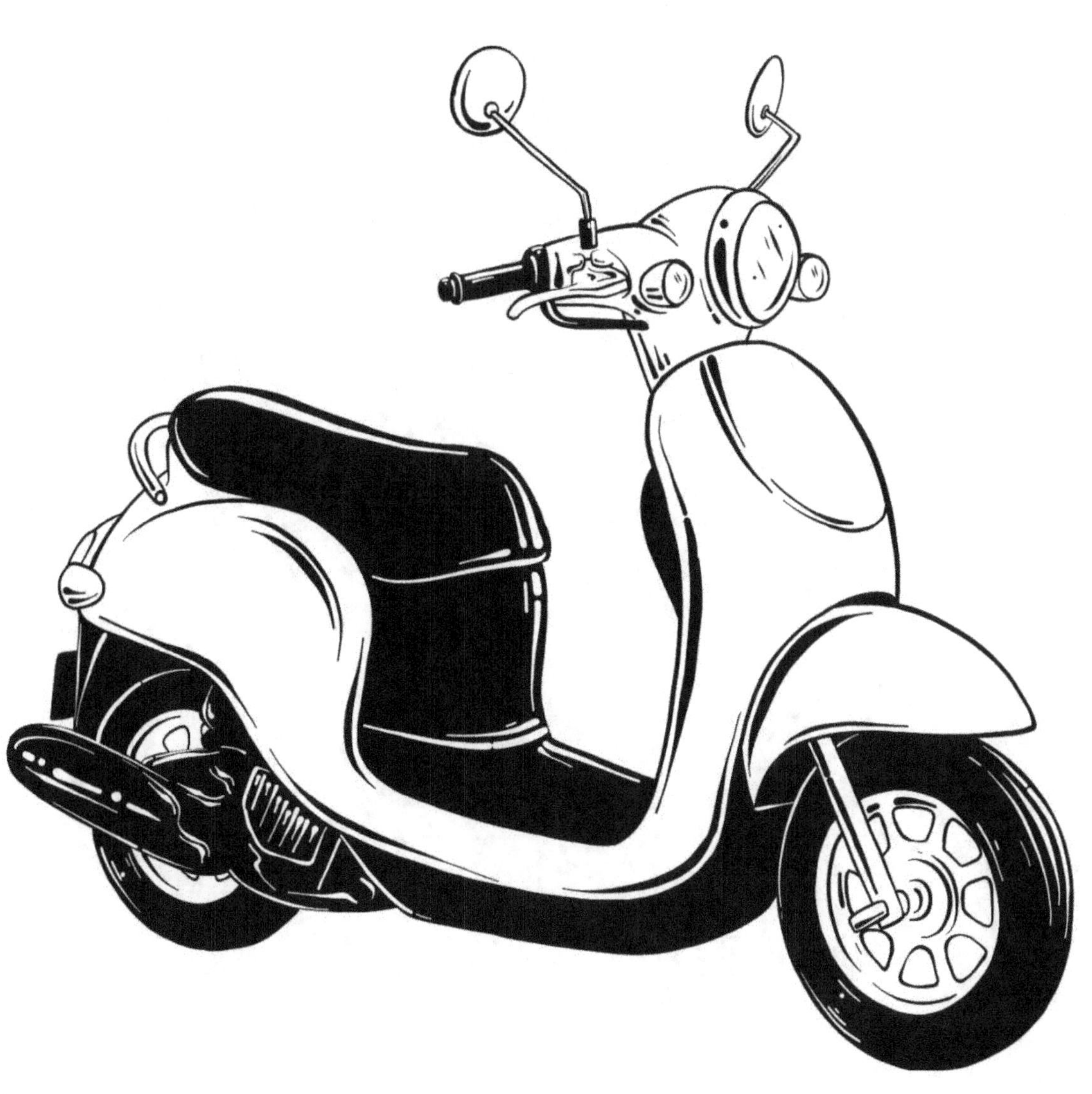

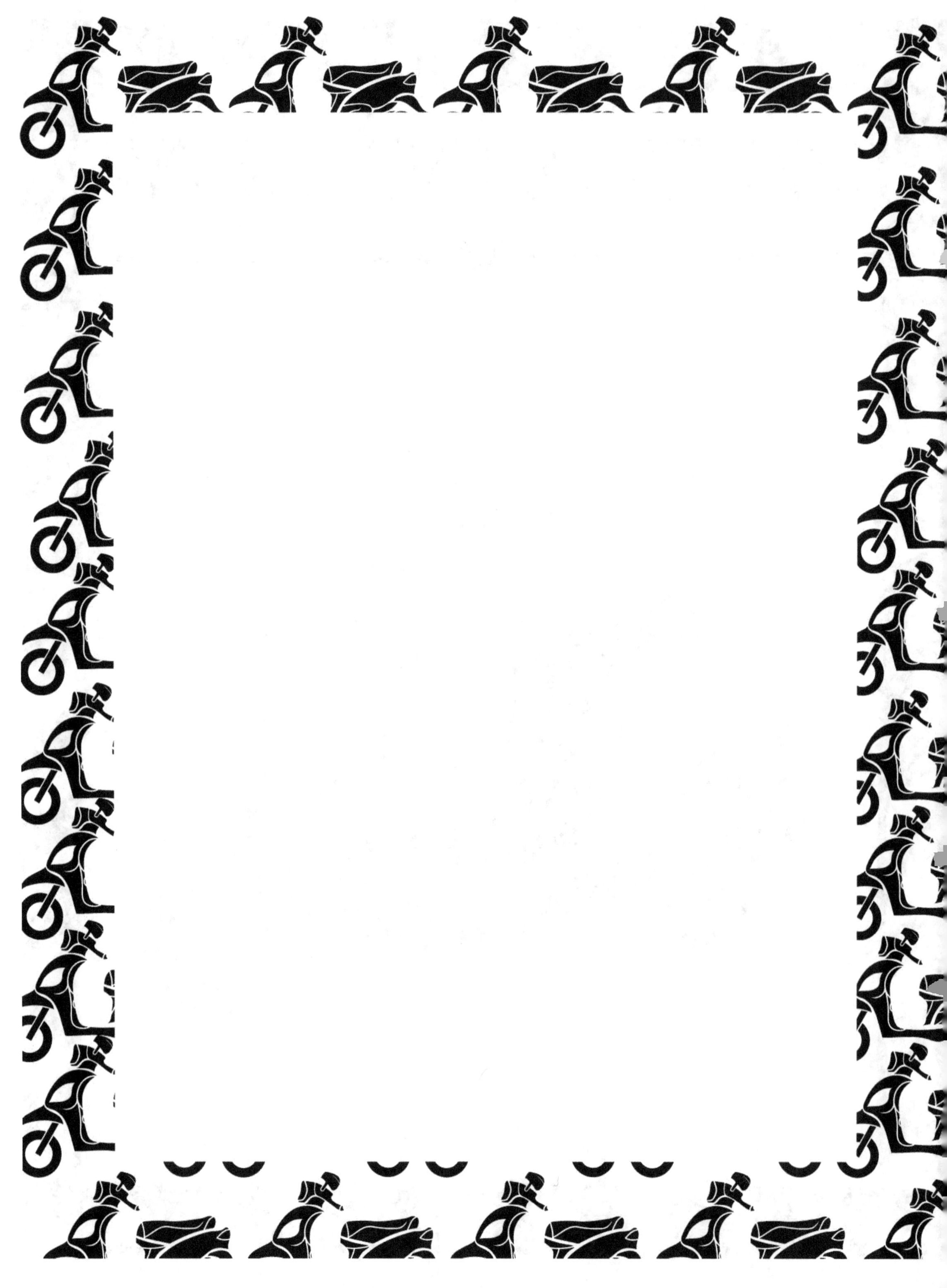

COULEUR & AMUSEMENT

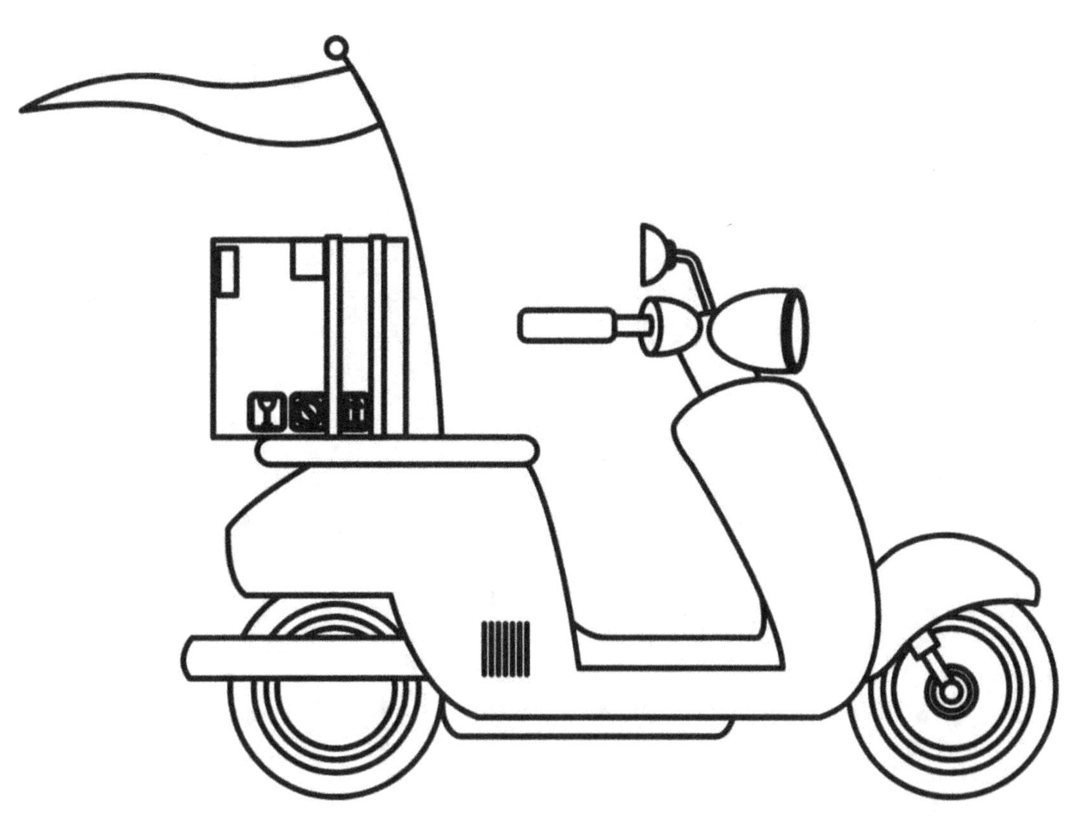

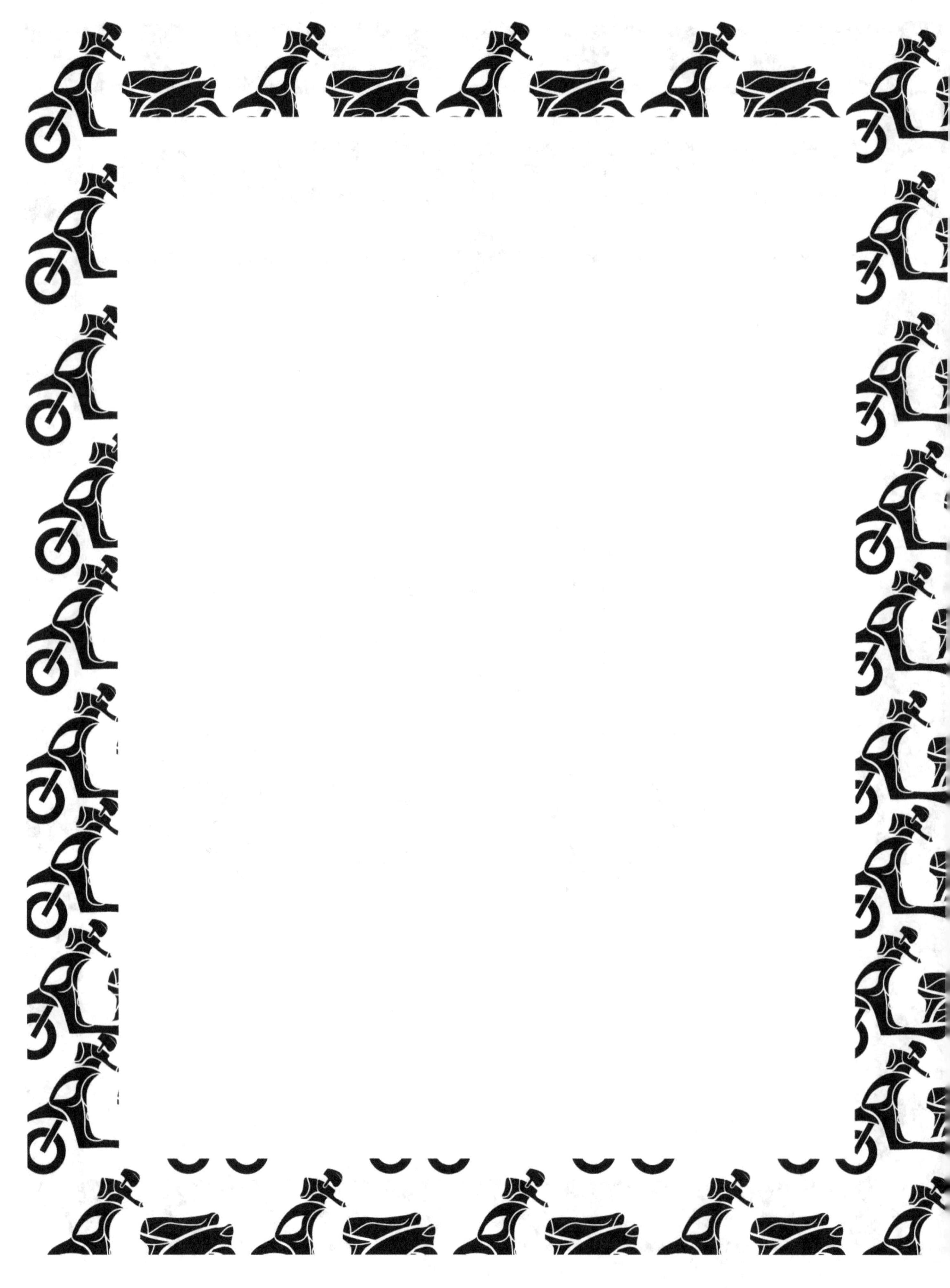

COULEUR & AMUSEMENT

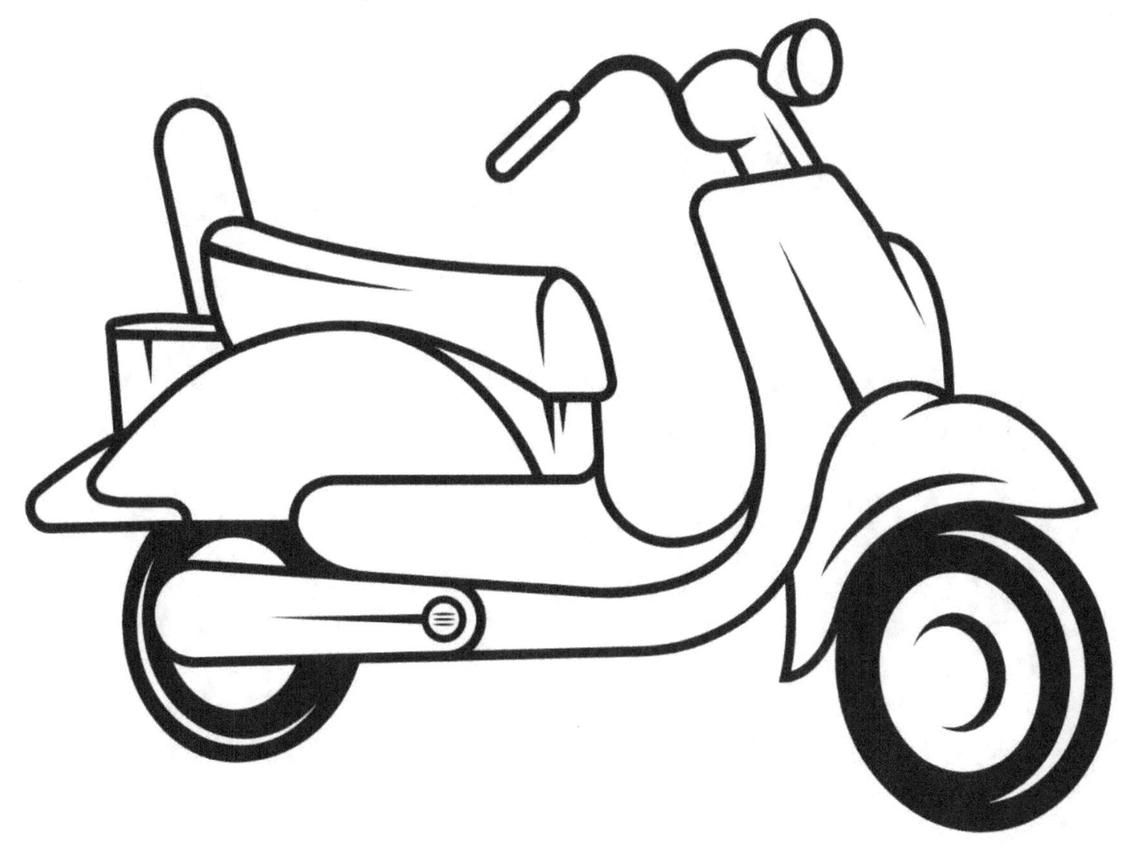

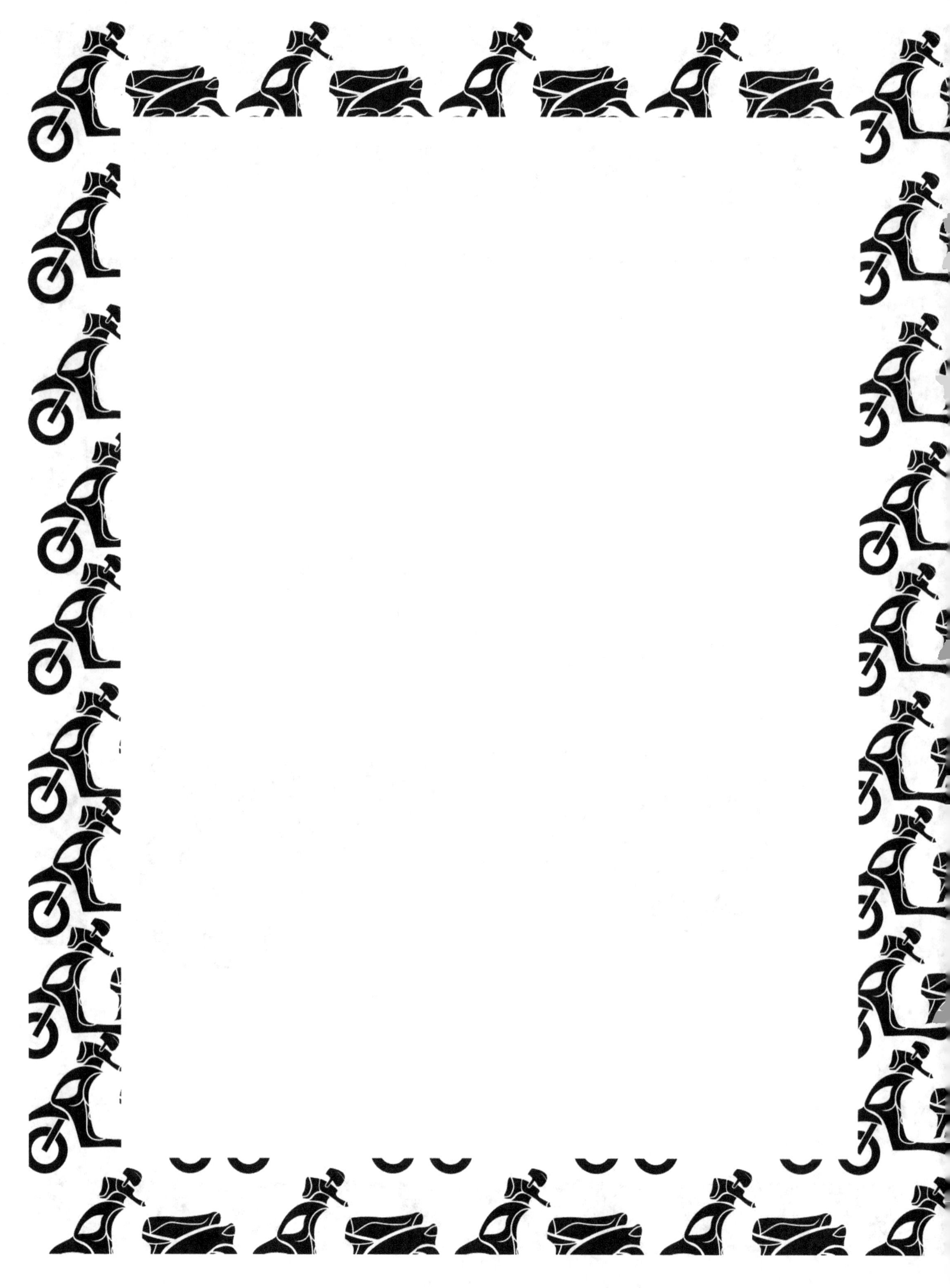

COULEUR & AMUSEMENT

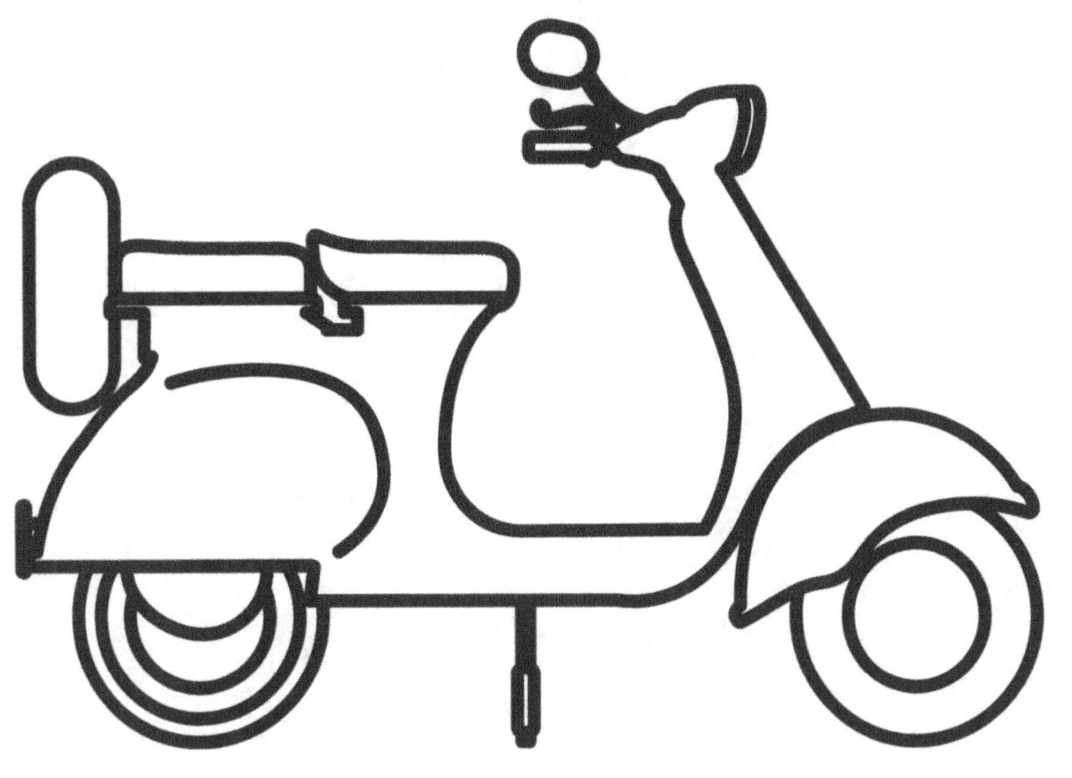

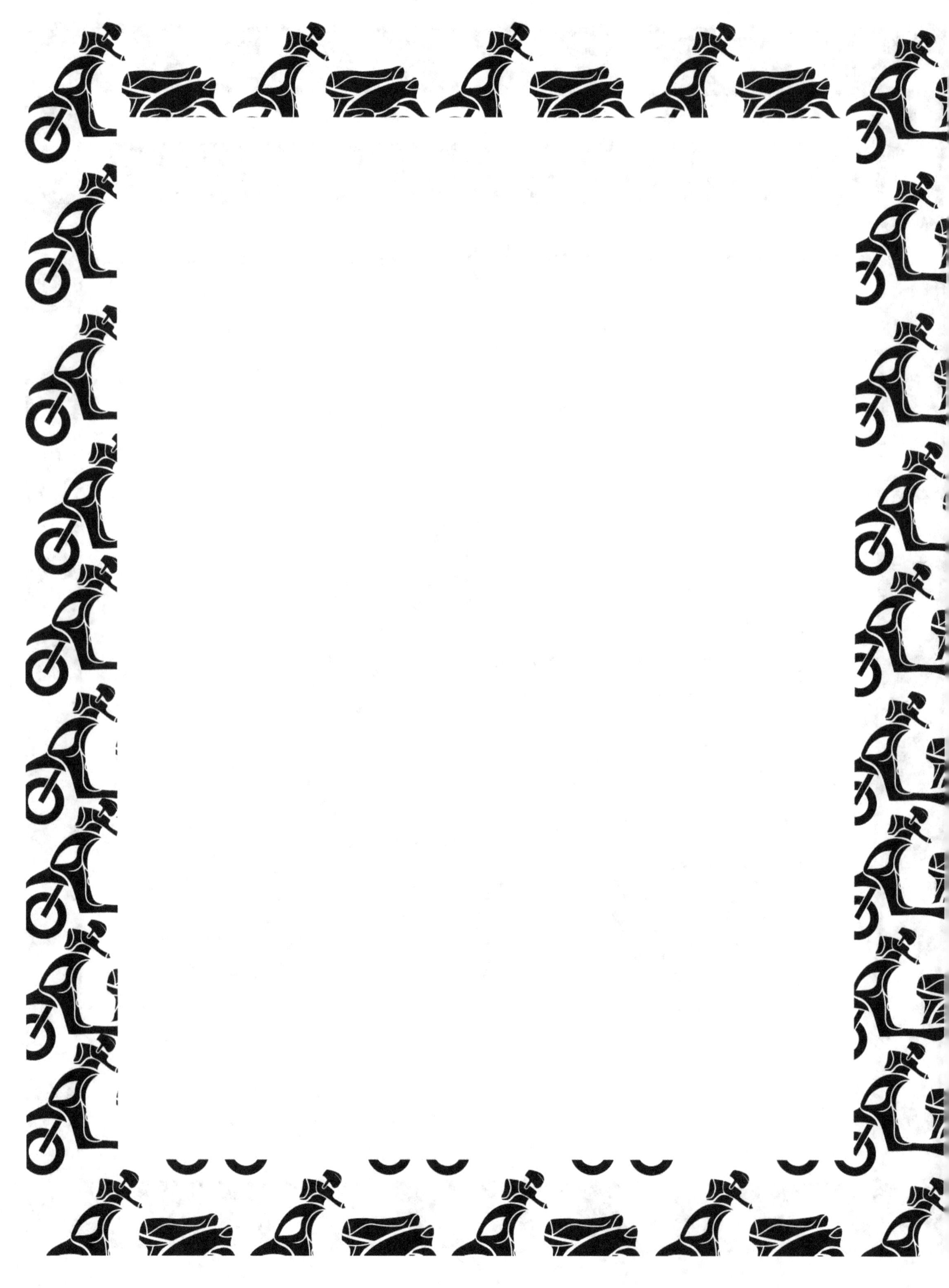

COULEUR & AMUSEMENT

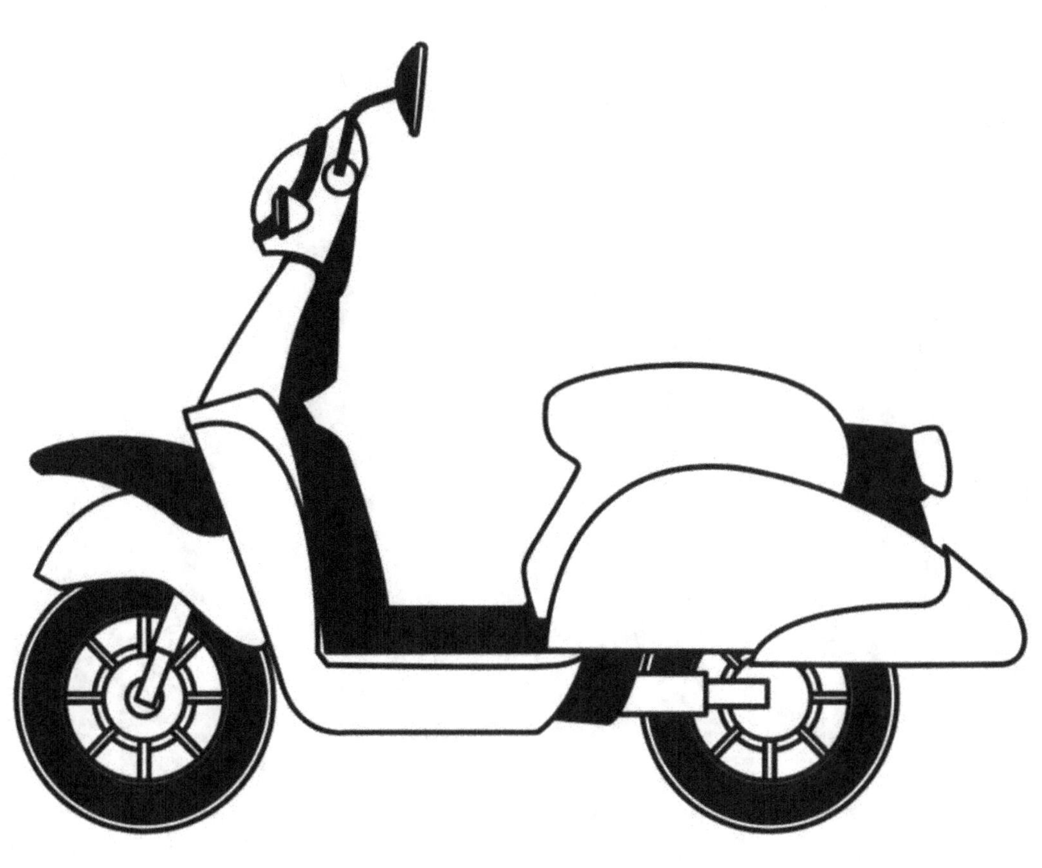

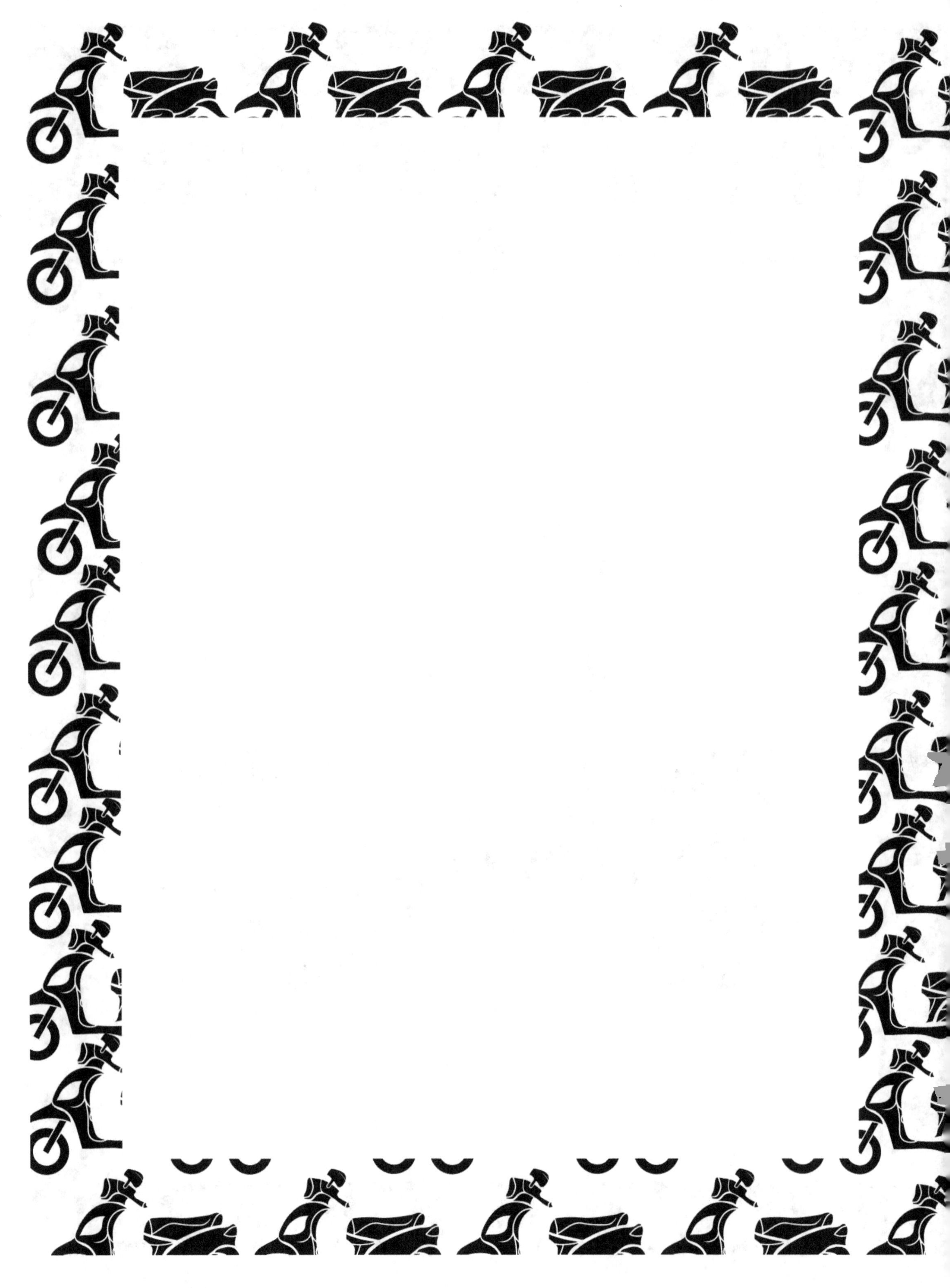

COULEUR & AMUSEMENT

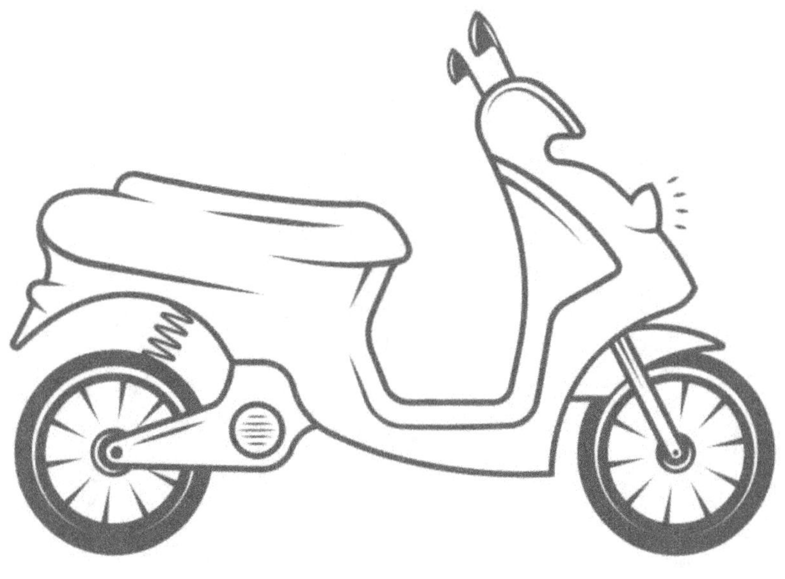

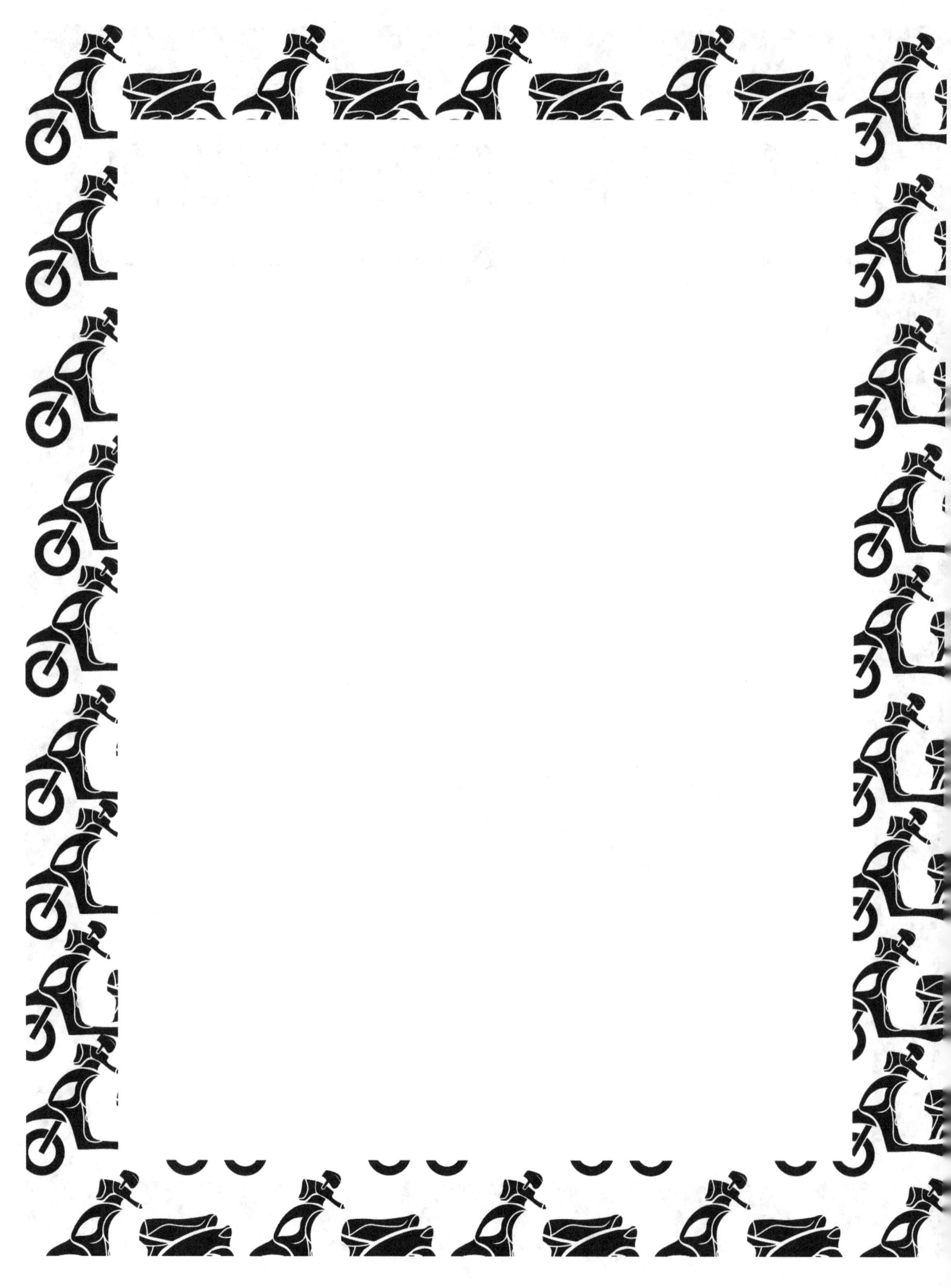

COULEUR & AMUSEMENT

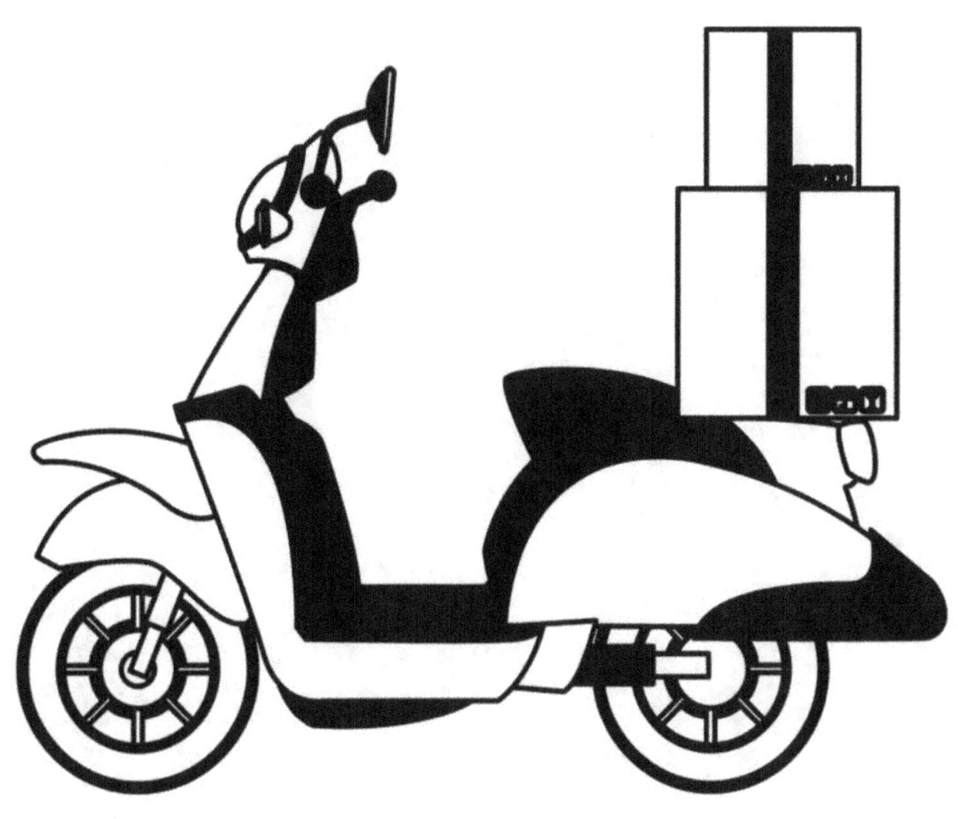

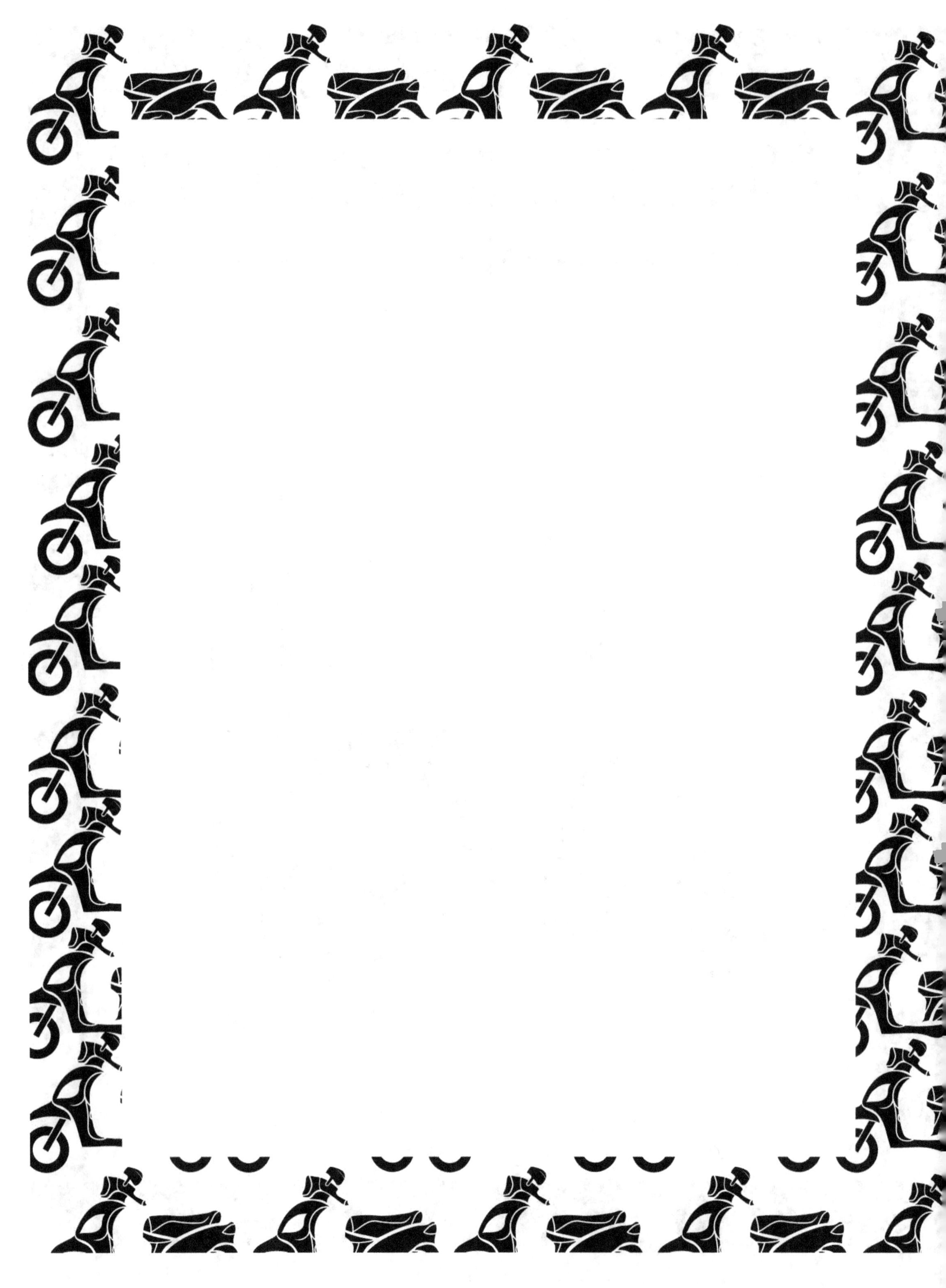

COULEUR & AMUSEMENT

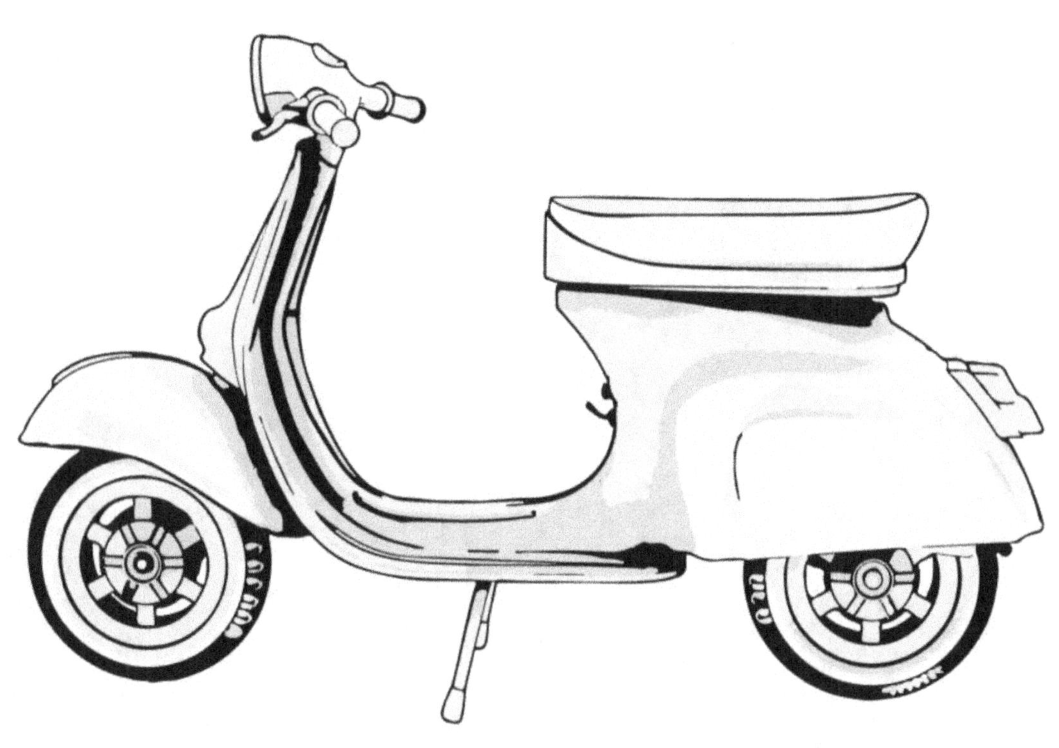